LA REENCARNACIÓN

Todo lo que Querías Saber Acerca de Vidas Pasadas, el Karma y las Nuevas Oportunidades

RAPHAEL MERCK

© Copyright 2022 – Raphael Merck - Todos los derechos reservados.

Este documento está orientado a proporcionar información exacta y confiable con respecto al tema tratado. La publicación se vende con la idea de que el editor no tiene la obligación de prestar servicios oficialmente autorizados o de otro modo calificados. Si es necesario un consejo legal o profesional, se debe consultar con un individuo practicado en la profesión.

- Tomado de una Declaración de Principios que fue aceptada y aprobada por unanimidad por un Comité del Colegio de Abogados de Estados Unidos y un Comité de Editores y Asociaciones.

De ninguna manera es legal reproducir, duplicar o transmitir cualquier parte de este documento en forma electrónica o impresa.

La grabación de esta publicación está estrictamente prohibida y no se permite el almacenamiento de este documento a menos que cuente con el permiso por escrito del editor. Todos los derechos reservados.

La información provista en este documento es considerada veraz y coherente, en el sentido de que cualquier responsabilidad, en términos de falta de atención o de otro tipo, por el uso o abuso de cualquier política, proceso o dirección contenida en el mismo, es responsabilidad absoluta y exclusiva del lector receptor. Bajo ninguna circunstancia se responsabilizará legalmente al editor por cualquier reparación, daño o pérdida monetaria como consecuencia de la información contenida en este documento, ya sea directa o indirectamente.

Los autores respectivos poseen todos los derechos de autor que no pertenecen al editor.

La información contenida en este documento se ofrece únicamente con fines informativos, y es universal como tal. La presentación de la información se realiza sin contrato y sin ningún tipo de garantía endosada.

El uso de marcas comerciales en este documento carece de consentimiento, y la publicación de la marca comercial no tiene ni el permiso ni el respaldo del propietario de la misma.

Todas las marcas comerciales dentro de este libro se usan solo para fines de aclaración y pertenecen a sus propietarios, quienes no están relacionados con este documento.

Índice

Introducción	vii
1. ¿Qué Es La Reencarnación?	1
2. El Budismo Contra El Judaísmo	19
3. La Perspectiva Wicca	37
4. Buen Karma, Mal Karma	53
5. Descubre Tu Tipo De Alma	69
6. ¿Eres Un Alma Vieja?	83
7. Llamas Gemelas Y Almas Gemelas	99
8. Las Lecturas Astrológicas	115
9. Tus Vidas Pasadas	131
10. Reencarnaciones Chamánicas	147
Conclusión	163

Introducción

La reencarnación, renacimiento o transmigración, cualquiera que sea el término, el concepto de vida después de la muerte ha existido por miles de años. Las ideas que rodean este concepto son tan convincentes hoy como lo fueron en la historia antigua. Todos tenemos una idea de lo que nos pasa cuando morimos, pero nadie lo sabe con certeza.

¿Por qué algunas personas creen en la reencarnación y otras se niegan a considerar la idea? Las influencias culturales y religiosas pueden influir, pero también la falta de conocimiento y la falta de comprensión de cómo funciona el proceso. Otros libros pueden afirmar que responden a todas tus preguntas, pero luego se enfocan en una idea.

Este libro es una guía escrita fácil de entender para ayudarte a considerar todas las diferentes creencias culturales y cómo puedes explorar tus vidas pasadas.

Introducción

¿Conoces a alguien que sea un alma vieja o que parezca sabio más allá de su edad? ¿Es así como te describe la gente? Haz una prueba para descubrir si realmente eres un alma vieja que ha vivido muchas vidas antes de la que estás viviendo actualmente. Descubre si tienes un equipaje kármico que te frena y aprende a lidiar con él.

Puedes creer en la reencarnación o puedes ser escéptico, pero este libro tiene algo para todos y está repleto de métodos prácticos e instrucciones para ayudarte a encontrar las respuestas a muchas preguntas sobre la vida después de la muerte y la reencarnación.

Si tienes curiosidad por saber si viviste en la Antigua Roma como gladiador o si serviste en la Corte del Rey Arturo en tus vidas pasadas, sigue leyendo. ¡Las respuestas podrían sorprenderte!

1

¿Qué Es La Reencarnación?

El más allá, la vida después de la muerte, la transmigración o la metempsicosis, llámalo como quieras, es algo que la mayoría de las religiones y sistemas de creencias tienen algo que decir sobre el concepto de reencarnación.

Considera la vida natural y la ruta cíclica que tomas. La noche sigue al día, las estaciones se suceden y forman un ciclo anual, y la naturaleza nos muestra asombrosos renacimientos todos los días. Las semillas que provienen de plantas moribundas se plantan y renacen, a menudo más robustas y más desarrolladas.

La reencarnación es el concepto de que el alma o algún aspecto de nuestro yo renace y evoluciona.

Nuestra alma madura y aprende de los errores que ha cometido en vidas pasadas. El concepto se basa en la creencia de que si seguimos muriendo sintiéndonos insatisfechos, continuaremos regresando hasta que alcancemos nuestra liberación final.

Se cree que la reencarnación le sucede a las personas que creen en el proceso y buscan la espiritualidad que acompaña al proceso. No todas las almas requieren satisfacción. Algunas personas viven una vida llena de experiencias firmemente arraigadas en su vida actual y no sentirán la necesidad de madurar. Otros pasarán tiempo en el presente buscando respuestas que les ayuden a definir su sentido de sí mismos y a darse cuenta de la necesidad de un viaje de autorrealización.

La reencarnación y su impacto en el mundo científico

Si bien la mayoría de los estudios científicos están diseñados para tratar asuntos mundanos, un científico decidió explorar el potencial de que la reencarnación sea real.

En Virginia, fundó la "División de Estudios de Percepción" y formó un equipo para estudiar la evidencia de vidas anteriores, experiencias cercanas a la muerte y otros fenómenos relacionados.

. . .

El que era jefe de la División de Estudios de Percepción en Virginia trabajó durante más de cuatro décadas investigando historias de reencarnación y publicó muchos artículos y libros sobre el tema. Si bien se negó a afirmar la absoluta plausibilidad de la reencarnación, su trabajo sugirió que era posible. Dijo que, de ser posible, intentaría comunicarse después de su muerte. Compró un candado y lo puso con un código mnemónico. Se cree que les dijo a sus colegas que pasaría el código mnemónico después de su muerte para que pudieran abrir la cerradura. Desde su muerte en 2007, la cerradura ha permanecido cerrada.

El trabajo de Stevenson fue principalmente con niños que parecían tener recuerdos inexplicables de una vida anterior, e hizo algunas conexiones sorprendentes con los sujetos y sus supuestas existencias anteriores. Acuñó la frase "la supervivencia de la personalidad después de la muerte" para describir la reencarnación y vio la condición como una posible explicación de la aparición de disforia de género, antipatía y otros rasgos de personalidad inexplicables.

La reencarnación se deriva del latín y significa "volver a entrar en la carne". Hay muchos casos tanto en adultos como en niños que proporcionan evidencia de que sucede. Después hubo un hipnoterapeuta americano que fue un destacado experto en el campo y fundó el Newton Institute en 2002 para estudiar la vida entre vidas. Desarrolló técnicas de regresión hipnótica que todavía se utilizan en la actualidad y fue considerado un pionero en su campo. Juntos brindan evidencia convincente de más de 3,000 casos de reencarnación que prueban la teoría.

Las etapas de la muerte

Los pasos a continuación indican la investigación que llevaron a cabo los médicos sobre lo que sucede después de la muerte. Se han recopilado de sujetos con recuerdos de su muerte en una vida anterior o han experimentado una regresión exitosa y describen el proceso que recuerdan.

La Muerte

La mayoría de los informes comienzan con la sensación de mirar hacia abajo en su propio cuerpo y ver a la gente llorando por ellos. Los sujetos relatan el sentimiento de frustración por la incapacidad de hablar con los vivos cuando salen de la habitación. Hay una sensación de ser arrastrado cuando una luz brillante ilumina la boca de un túnel. Una vez que llegan a la luz, hay una sucesión de influencias positivas listas para recibirlos. Estos pueden ser parientes que ya han pasado o visiones de paisajes. La mayoría de los sujetos informan que se toca música mientras se mueven hacia la boca del túnel y se preparan para pasar.

Los sujetos ahora describen la decisión que deben tomar.

Uno de los seres que los saluda les preguntará: "¿Estás listo para morir?" Si el sujeto dice: "Sí, estoy listo para morir", entonces el cordón plateado que lo une a su cuerpo terrenal se corta y se aleja de él. Si la respuesta es "No, no estoy listo para morir", serán enviados de regreso al mundo físico para llegar segundos antes de que murieran.

Esta forma de retorno se describe generalmente como un casi accidente, una experiencia de ECM o una recuperación milagrosa.

Puede parecer una forma fortuita de organizar la muerte, pero los sujetos informan que la decisión es fácil de tomar. Si sienten que es el momento adecuado, seguirán adelante, o si sienten que tienen cosas que hacer, regresarán. La mayoría de los sujetos informan estar cerca de sus familiares y amigos hasta el funeral.

La Curación

Esta etapa no siempre es parte del proceso, pero algunos sujetos la han vivido. Describen una "lluvia de luz" bañando su alma mientras dejan ir cualquier arrepentimiento, trauma y negatividad de su vida anterior y se reforman de una manera vibrante.

. . .

La Revisión

Esta etapa se describe como teniendo lugar en un entorno de biblioteca con un panel de sabios o ancianos. En esta etapa, las almas que están menos evolucionadas que otras se encuentran con sus guías asignados y hacen enmiendas y sanan a través de la reencarnación.

Las almas más evolucionadas pueden pasar meses o incluso años en esta etapa mientras revisan sus vidas pasadas y deciden su próximo paso. Estas revisiones se describen como experiencias positivas sin juicio con almas amorosas y bondadosas deseosas de ayudar.

La Reunión

Esto es cuando el alma se encuentra con su familia de almas. Estas pueden ser almas que se conectan con nosotros en la vida y han fallecido o pueden ser miembros de nuestra familia. En la reunión, la familia del alma comparará experiencias y aprenderá de la información que absorben.

Selección de vida

. . .

Esta etapa marca el comienzo del proceso de regeneración. La mayoría de los sujetos describen el escenario como un gran cine con múltiples pantallas.

Luego, se le muestran al alma múltiples caminos entre los que puede elegir cuando regrese a la Tierra.

Una función de avance rápido permite al alma considerar la experiencia completa de cada línea de tiempo, obteniendo una mayor perspectiva del camino que sigue.

Nuestra espiritualidad e intelecto siempre elegirán un camino gratificante y que presente desafíos. Las almas que han mostrado interés en campos específicos elegirán continuar donde lo dejaron en su vida anterior. Los talentos musicales, la excelencia deportiva y los talentos artísticos todavía están con nosotros cuando nacemos.

Esto explica cómo se forman los niños prodigios y otros niños de gran talento.

La Preparación

Esta etapa es la penúltima etapa antes de la reencarnación. Los sujetos informan que conocen almas que aparecerán en su nueva vida y forman planes para reunirse cuando sea el momento adecuado. Los guías ayudan al sujeto a implantar símbolos en su percepción que lo desencadenarán para realizar ciertas acciones o reunirse con otras almas en momentos específicos.

Esta sincronización conduce a las reuniones que a menudo describimos como "un encuentro de mentes" o "conocer a tus almas gemelas". Estas conexiones son inmediatas y pueden desencadenarse por diferentes estímulos. Todas estas señales están preprogramadas y se debe actuar en consecuencia.

El Renacimiento

Los sujetos a menudo informarán que viajan de regreso a la Tierra a lo largo del mismo túnel del que partieron. El tirón los traerá de regreso a la Tierra y directamente al útero de su madre. Aquí es cuando la mayoría de las personas experimentan amnesia y parecen comenzar su vida con una pizarra limpia. Algunas personas pueden preguntarse por qué es necesario olvidar lo que sucedió en vidas anteriores y desechar nuestros verdaderos orígenes.

La respuesta parece ser que si recordamos cada detalle de nuestras vidas anteriores, entonces no sentiríamos la necesidad de aprender en nuestra próxima vida. Imagínate realizar una prueba con las respuestas ya en tu cabeza.

. . .

Es por eso que tenemos familias del alma y guías espirituales que nos ayuden a afrontar las experiencias venideras con determinación.

Este velo de la teoría de la ilusión también explica por qué los recuerdos de vidas pasadas suelen ser más vívidos en los niños menores de 5 años. Ellos recordarán detalles y experiencias de otra existencia que pueden ser preocupantes para ellos y pueden sentirse incómodos por un tiempo. Algunos niños manifestarán estos recuerdos como amigos imaginarios que representan a las personas que dejaron atrás.

Historias de reencarnación convincentes

La mejor evidencia son los recuerdos de sujetos que aparentemente han pasado por el proceso. Estos son algunos de los casos más interesantes de reencarnación y experiencias de vidas pasadas.

Bruce Whittier

Este es el caso de un hombre estadounidense que tiene sueños recurrentes de ser un hombre judío escondido en la casa de su familia junto a su familia. Sus sueños contenían imágenes de un reloj, y dibujó una imagen con gran detalle cuando se despertó. Su rabino le preguntó sobre sus experiencias y Bruce le dijo que el nombre del judío era Stefan Horowitz, un judío holandés que murió junto con su familia en Auschwitz.

Después de la discusión, Whittier tuvo un sueño sobre la ubicación del reloj en una tienda de antigüedades. Viajó al lugar de su sueño y vio el reloj en la ventana.

El comerciante le informó que el reloj había sido importado de los Países Bajos como parte de las pertenencias de un mayor alemán retirado. Esta fue la última pieza del rompecabezas de Whittier, quien se convenció de su vida pasada.

Gus Taylor

Cuando era un bebé de 18 meses, Gus comenzó a hablar sobre el hecho de que era su propio abuelo.

Quedó cautivado por las fotos familiares y señaló fotos de su "abuelo Augie" a una edad temprana. El hecho definitorio para la familia fue cuando Gus comenzó a hablar de su hermana muerta, que había desaparecido cuando él era joven. Este era un secreto familiar que Gus no podía conocer. La hermana de su abuelo fue asesinada y arrojada a la bahía de San Francisco.

La Reencarnación

. . .

Cuando se le preguntó cómo recordaba su vida anterior, Gus le dijo a su familia que Dios le había dado un boleto de regreso a la Tierra. Describió viajar a través de un largo túnel y aterrizar en el vientre de su mamá. Fue entonces cuando regresó como Gus con recuerdos de ser Augie. La línea de tiempo parecía encajar ya que el abuelo de Gus había muerto un año antes de que naciera Gus.

Ryan Hammons

Esta historia es posiblemente uno de los ejemplos más conocidos de reencarnación y sus efectos en los niños. En 2005 en Oklahoma, Ryan Hammons nació de padres bautistas con trabajos cotidianos. En 2009, el joven Ryan comenzó a actuar como un director de cine a pesar de que su familia no tenía ninguna conexión con la industria.

Le contó a su madre historias de Hollywood y describió cómo vivía en una enorme casa blanca con una piscina en la calle con la palabra "rock" en su nombre. Le dijo que se había casado cinco veces y que tenía tres hijos y una hija. Su madre descartó sus historias como extravagantes e incluso se las ocultó a su padre.

Las cosas cambiaron cuando empezó a creerle a su hijo y empezó a buscar pruebas. Consiguió libros de la biblioteca local sobre Hollywood y los revisó con su hijo. Una imagen de la película de 1932 "Noche tras noche", protagonizada por Mae West, la cambió por completo. El disparo incluyó a un grupo de hombres con sombreros y abrigos, y Ryan reaccionó con fuerza. "Hola mamá", gritó, "ese soy yo, y ese es George. Hicimos una película juntos", señalando al hombre en el medio de la toma, y el tipo se paró a su lado.

La mamá de Ryan decidió buscar ayuda profesional y llamó al Dr. Jim Tucker para ver a su hijo. El Dr. Tucker era un psicólogo infantil muy conocido que se ocupaba de casos de niños en el pasado. Interrogó a Ryan y registró relatos detallados del hombre que había estado en la foto, Marty Martin, y su vida en Hollywood.

Cuando se le preguntó cómo murió, Ryan describió que su corazón explotó y el Dr. Tucker confirmó que Marty había muerto de un ataque cardíaco en 1964.

Cuando la familia rastreó a la hija de Marty, ella confirmó 55 detalles separados que Ryan había dado sobre su vida anterior. Describió el baile con Rita Hayworth y las lujosas fiestas de Hollywood a las que Marty asistió con detalles elaborados. A medida que Ryan envejeció, sus recuerdos se desvanecieron y, a los 11 años, se convirtió en un chico típico con pensamientos regulares sobre el béisbol y la escuela en lugar de las fiestas de Hollywood y las estrellas de cine.

. . .

Ruth Simmons

En 1956, se hizo una película que exploró la experiencia de Ruth Simmons y su conexión con la Irlanda del siglo XIX. En 1952, Ruth se sometió a una terapia de regresión hipnótica con su terapeuta, lo que la llevó a hablar con un fuerte acento irlandés. Contó historias de su vida en Belfast y la pobreza que sufrió durante su vida. Si bien sus historias fueron detalladas, carecían de detalles que pudieran verificarse hasta que mencionó a sus proveedores de alimentos.

Ruth dijo que Bridey obtuvo sus suministros del Sr. Carrigan y el Sr. Farr. Los investigadores obtuvieron el directorio de la ciudad para los años que ella describió y encontraron los dos nombres listados como tiendas de comestibles.

Parmod Sharma

Parmod Sharma nació en Bisauli, India, en 1944. A los dos años, ya era diferente de los demás niños del pueblo.

Reprendió a su madre por cocinar y le sugirió que dejara que lo hiciera su esposa en Moradabad. Les dijo a sus padres que era un exitoso hombre de negocios que tenía tiendas que vendían galletas y agua. Hacía galletas con barro y construía tiendas en miniatura para venderlas.

. . .

Describió una vida mucho más opulenta que la que vivieron sus padres y les advirtió de los peligros de comer cuajada. Habló de una empresa familiar llamada "Mohan Brothers" que tuvo éxito en Mahabad. A Parmod tampoco le gustaba bañarse y entraba en pánico y decía que había muerto en una bañera cada vez que lo colocaban en una.

Finalmente, los padres de Parmod cedieron y viajaron con su hijo los 145 km hasta Moradabad para descubrir la verdad. Descubrieron que había una familia viviendo en la dirección que Parmod había proporcionado llamada Mehra, que operaba un negocio familiar llamado Mohan Brothers. El negocio era una exitosa tienda de refrescos y galletas, y estaba dirigido por Parmanand Mehra, quien había fallecido en 1943. Los detalles de su muerte surgieron y conmocionaron a la familia Sharma. Parmanand había comido en exceso cuajada, lo que le provocó problemas gástricos, y se le recetaron baños medicinales como cura. Se creía que se había bañado directamente antes de su muerte.

Dilukshi Nisanka

En Sri Lanka, la creencia en la reencarnación no es inusual, pero es el hogar de uno de los casos más creíbles que prueban que existe. Dilukshi hablaba con frecuencia sobre su vida anterior e insistía en que sus padres no eran su verdadera familia, ya que ella tenía padres en otro lugar en un lugar llamado Dambulla. Habló de su muerte a las seis, al caer de un puente y ahogarse.

. . .

Sus padres estaban preocupados por sus insistencias y le repitieron su historia a un reportero local que publicó su historia en un artículo de periódico. La familia se sorprendió al recibir una carta pocas semanas después de un hombre que afirmaba que su hija Shiromi se reencarnó como Dilukshi. Le dijo a la familia que su historia coincidía con los detalles de la muerte de su hija, y las dos familias acordaron encontrarse.

La familia Nisanka viajó 145 km para conocer a la familia y ver qué sucedía. Una vez que Dilukshi llegó a la vivienda familiar en Dambulla, pareció completamente a gusto con la familia y charló con ellos como si los conociera desde siempre. Los hechos que les contó sobre Shiromi coincidían completamente, y Dilukshi estaba interesada en visitar lugares locales que había disfrutado en su vida anterior.

Jenny Cockell

Esta es la historia de una ama de casa común y corriente que vive en Northampton, Inglaterra. Su historia comenzó cuando tenía cuatro años y recordó su vida pasada como Mary Sutton, que vivía en Irlanda.

Nunca mencionó sus experiencias ni los pequeños fragmentos de información que sentía a nadie porque creía que todos tenían los mismos sentimientos sobre vidas pasadas. A medida que creció, sintió pena por su vida anterior y describió su muerte al dar a luz a su octavo hijo.

Un día se sintió atraída por un mapa de Irlanda y fue atraída por un lugar llamado Malahide.

La vida continuó para Jenny y ella misma se convirtió en madre, pero los sentimientos nunca la abandonaron. De hecho, se fortalecieron y decidió localizar a la familia de Mary en Irlanda. Como cristiana pragmática cuyo sistema de creencias no incluía la reencarnación, decidió adoptar una postura escéptica sobre todo el proceso. Se sometió a una serie de sesiones de regresión para asegurarse de tener los detalles correctos. Dibujó mapas detallados de Malahide y los comparó con mapas reales del área. Los detalles eran asombrosamente precisos, y esto la impulsó a visitar la ciudad y localizar a la familia de Mary.

Una vez que llegó a Dublín, Jenny se puso a trabajar revisando los registros de la iglesia e investigando la línea familiar Sutton. Rápidamente descubrió que Mary había vivido y muerto en el área de Malahide, y que sus ocho hijos sobrevivientes habían sido colocados con parientes o enviados al orfanato. Al darse cuenta de la enorme tarea que tenía por delante, Jenny se puso en contacto con los periódicos y las iglesias locales en busca de ayuda.

. . .

Finalmente, en 1990, Jenny habló con Sonny Sutton por teléfono. Fue el primero con el que hizo contacto de los hijos de Mary y quedó impresionado por la conversación.

Les dijo a sus hermanos que realmente creía que acababa de hablar con su madre. El resto de la familia estaba menos convencida y necesitaba más pruebas. Finalmente se reunieron con Jenny y se sorprendieron con los detalles que ella sabía sobre ellos y su antiguo hogar. Quizás la parte más convincente de la historia esté en Jenny. Ella es miembro de MENSA y una típica ama de casa británica con los pies en la tierra que no podría haber inventado ninguna parte de esta historia.

No importa cuáles sean tus creencias, no hay duda de que esta historia es notable.

¿Las historias aquí demuestran que existe la reencarnación? Tal vez si o tal vez no. La decisión es tuya.

2

El Budismo Contra El Judaísmo

TRADICIONALMENTE, la reencarnación se basa en un alma original que renace en diferentes cuerpos y se convierte en un alma madura que eventualmente entrará en el reino espiritual como una entidad completa. La fé judía tiene diferentes creencias. Sus ideas son más complicadas e involucran creencias alejadas de la corriente principal.

Las creencias judías sobre la reencarnación

La parte esotérica del judaísmo se conoce como Cabalá y nos enseña que el alma se divide en cinco partes, cada una de las cuales juega un papel en la composición de la psique humana.

. . .

Dos de estas partes permanecen en el reino celestial mientras que las otras tres te acompañan en la Tierra, y puedes trabajar directamente con ellas para mejorar tu estado.

Chayah: El mundo de la emanación

Es decir, la esencia viva, esto es parte del alma con poca conexión con el cuerpo físico. Reside en el éter y rara vez es parte de la conciencia hasta que el alma asciende al cielo. Representa el estado de conciencia que significa la experiencia de la última iluminación judía. El judaísmo acredita a la jayá como la dimensión donde la humanidad puede fusionarse con Dios y convertirse en parte de una unidad pura.

Yehida: el mundo de la voluntad

El judaísmo nos enseña que yehida es la parte central del alma guardada en la infinitud de la creación. No acompaña al alma mortal a la Tierra, ya que se considera la fuente de conciencia con más conexión. Algunos consideran que la yehida es la línea directa a Dios y la esencia de la región Divina.

Los judíos llaman a su yehida para que les dé la conciencia para hacer frente a las difíciles experiencias terrenales.

. . .

Nefesh: el mundo de la acción

Este es el nivel del alma más conectado con la fisicalidad. A veces se le llama alma animal y está presente en cada partícula de materia en el plano terrestre. A cada brizna de hierba, partícula de tierra e incluso ameba unicelular se le atribuye este aspecto del alma.

Como seres humanos, el nefesh es el aspecto del alma asociado con la conciencia física. Naces con el nefesh, y a menudo se lo describe como tu fuerza vital o voluntad de vivir. Cuando abandones el mundo físico, tu nefesh permanecerá alrededor de tu cuerpo durante más tiempo y se asegurará de que te purifiques correctamente después de la muerte. El pensamiento místico de la Cabalá está representado por libros conocidos como el Zohar, que describen el nefesh como la parte oscura de la llama de la vela que se adhiere a la mecha.

Vincula el nefesh con el siguiente nivel del alma, el ruach, y explica que cuando ambas partes del alma se iluminan, proporcionan un trono para que el nivel más alto, la neshamá, forme una luz completa.

El nefesh se considera la parte más densa del alma que forma la piedra angular de los otros dos niveles que acompañan a los humanos en la Tierra.

. . .

Ruach: El mundo de la información

Es decir, viento o espíritu, esta es la parte del alma asociada con los sentidos o las emociones. Forma la base de la espiritualidad y hará llorar a los humanos con solo una mirada momentánea de belleza. El ruach se nutre de experiencias y se verá afectado por la forma en que vivimos nuestras vidas.

Neshema: el mundo de la creación

Es decir, respiración, esta parte del alma es la cualidad definitoria de la conciencia humana.

El poder de neshema solo puede ser nutrido por personas que buscan vivir vidas puras. Considera el ruach y el nefesh como los combustibles del cuerpo, mientras que el neshema es el nivel superior del alma que permite la comunicación con el ser superior. En pocas palabras, falta la existencia humana si el alma no ha sido iluminada por la luz celestial que emite el neshema.

Arreglar tu alma no es tarea fácil. El judaísmo enseña que arreglar tu alma significa que los cinco niveles deben perfeccionarse, por lo que parecería sugerir un mínimo de cinco vidas. Piensa otra vez. Cada nivel del alma se divide en cinco niveles, lo que hace un total de veinticinco niveles espirituales. Si se completa un nivel de espiritualidad durante cada vida, eso significa que se necesitan al menos veinticinco vidas. Espiritualmente hablando, eso sería todo un logro. El segundo principio de la reencarnación judía es que necesitarás numerosos intentos para arreglar tu alma, y no se puede hacer todo en unas pocas vidas.

Dios te dará mil vidas para que lo hagas bien.

Siempre que estés en el camino correcto, los judíos creen que tenemos 1,000 vidas diferentes para llevar tu alma al nivel más alto en el que necesitas estar. Si crees que esto suena como una oportunidad para jugar en la Tierra y dejar la curación de tu alma para más tarde, entonces piénsalo de nuevo. Si no estás arreglando los niveles de tu alma desde la primera vez en la Tierra, solo recibirás dos oportunidades más. Si no mejoras después de tres vidas, Dios dividirá tu alma en tus múltiples componentes y los redistribuirá a los demás. No hay nuevas almas en la Tierra.

El judaísmo cree que en esta etapa de la historia, todo el mundo en la Tierra es un alma "vieja". Esto podría explicar por qué la vida moderna es tan confusa y la necesidad de curación espiritual nunca ha sido tan grande. Se cree que debido a que cada alma en la Tierra ahora está formada por partes no rectificadas de almas de la historia, muchos cabos sueltos espirituales deben atarse.

El purgatorio no se ocupa de los delitos menores terrestres.

El purgatorio judío a menudo se compara con el concepto cristiano llamado Infierno. Esto no es correcto.

El purgatorio es el lugar de expiación de la fé judía para las personas que cometieron pecados contra Dios en la Tierra. Por ejemplo, si alguien no siguió los mandamientos en la Tierra, será acusado en el purgatorio y deberá pagar el precio. Si alguien cometiera más pecados terrenales como robo o violencia contra otros, pagaría en la próxima vida.

La reencarnación te ayuda a corregir los errores que cometiste en tu vida anterior. Es posible que hayas tratado mal a tu pareja en tu última vida, por lo que probablemente te encuentres en una relación en la que tu vida se sienta como el infierno. La reencarnación podría responder a la pregunta: "¿Por qué le suceden cosas malas a la gente buena?"

Nadie sufre sin motivo.

. . .

El judaísmo cree que el alma está destinada a expiar tus errores pasados. Tomemos a Job como ejemplo. A menudo se le ve como el prototipo bíblico del sufrimiento inmerecido. Era un hombre aparentemente bueno a quien Satanás acosaba. Perdió su casa, su familia y su salud, aunque pudo vivir.

Entonces, ¿por qué Job estaba tan atormentado cuando parecía ser el cartel de todo lo que era santo?

El antiguo midrash judío o interpretación textual del Talmud explica que Job fue la reencarnación de Taré, el padre de Abraham. Taré llevó una vida pagana y sirvió como sacerdote idólatra, vendiendo sus ídolos malvados en una tienda antes de que Abraham los ahuyentara. Esto llevó a que Abraham fuera arrojado a un horno de fuego para perecer, pero Dios lo salvó. Esta fue entonces cuando Taré se arrepintió de sus acciones anteriores y se comprometió a vivir una vida recta sin recompensa. Cuando se reencarnó como Job, esta fue su oportunidad de mostrarle a Dios que no vacilaría en sus creencias sin importar cuánto tuviera que sufrir.

La literatura cabalística menciona tres tipos de reencarnación

1. **Gilgul:** La palabra hebrea para rodar. Esta es la transmigración propiamente dicha. Gilgul es la

forma más pura de reencarnación cuando el alma de un cuerpo es enviada de regreso a la Tierra para habitar otro cuerpo. Esta forma de reencarnación puede ocurrir entre diferentes especies y no está restringida a los humanos.
2. **Ibbur:** esta forma de reencarnación es más complicada. Implica el alma de otro que desciende del cielo para entrar en el cuerpo físico de alguien que ya está vivo. Esta es una forma de posesión cuando Dios cree que el sujeto humano necesita ayuda y envía un alma madura para ayudarlo durante un tiempo determinado.
3. **Dybbuk:** esta es una forma de reencarnación menos aceptable y solo ha sido reconocida como un concepto tardío en la historia judía. Esta forma de reencarnación se refiere a las almas torturadas, a menudo perseguidas por demonios, que entran en un cuerpo en la Tierra para buscar consuelo y descanso. Eliminar esta forma de posesión significaría un exorcismo.

Muchos eruditos judíos tratan el tema de la reencarnación con cuidado. Ven el concepto como peligroso y creen que puede manchar sus ideales religiosos puros. El Talmud no tiene referencias a la transmigración, y se cree que la idea entró en el judaísmo en el siglo VIII a través de influencias religiosas griegas, indias y otras gnósticas.

Budismo y reencarnación

. . .

La Reencarnación

Hay muchos conceptos erróneos sobre el budismo y la reencarnación. Estos malentendidos surgen porque somos incapaces de interpretar los sutras y escritos sagrados establecidos por el Buda. Después de todo, la vida ha avanzado. Se informa que dejó 84,000 enseñanzas que representaban las diversas características de la humanidad. Predicó su doctrina dependiendo del nivel mental y espiritual de su audiencia.

Los maestros y eruditos usaron la idea de la reencarnación para infundir miedo en los simples aldeanos a quienes predicaban. La idea de regresar a la Tierra en forma animal los habría asustado para que se comportaran mejor en su vida actual. La doctrina de la reencarnación se utilizó como una herramienta poderosa para enseñar moralidad.

La vida moderna es diferente, y las parábolas utilizadas en la época de Buda son en gran parte irrelevantes, sin embargo, muchos budistas en Oriente y Occidente persisten en creer en la reencarnación individual. El verdadero budismo se basa en la creencia de que ninguna parte de nuestro verdadero yo sobrevive a la muerte.

El núcleo del budismo es que todos los seres están constantemente en un estado de cambio. Siempre estamos cambiando, aprendiendo y luego muriendo. Dejando atrás el reino físico y las energías, hemos tomado una nueva forma y hemos transmigrado de una vida a la siguiente. Esto se conoce como renacimiento y el sentido de que uno mismo vive como otra vida.

. . .

Este no es un concepto fácil de entender, y hay escuelas de budismo dedicadas a enseñar a sus seguidores cómo reconocer las ilusiones del yo y cómo liberarse de esta ilusión.

Algunos budistas creen que la ayuda para la enseñanza tibetana "La Rueda de la Vida" y los Diez Reinos Espirituales dentro de la doctrina sugieren que alguna forma de reencarnación es necesaria para progresar. Este no es el mismo concepto que los pensamientos tradicionales sobre la reencarnación que tienen una comprensión diferente en otras religiones como el hinduismo.

¿Cuáles son los diez reinos espirituales del budismo?

Según la cosmología del budismo, estos reinos se refieren a diez estados mentales. Cuatro de estos reinos están relacionados con la evolución de la conciencia, y los otros seis son inferiores y están relacionados con reacciones a fuerzas externas. Los primeros cuatro estados superiores están influenciados por las enseñanzas, la superación personal y el deseo de descubrir la fuerza interior.

Budeidad

. . .

Este es el más alto de los diez reinos. Este es un estado de iluminación y paz interior que identifica a los budistas que han alcanzado los rangos más altos de la religión.

Este estado también se conoce como el estado de Buda y es una marca de nobleza dentro de la religión.

Bodhisattva

Este es el estado mental en el que la mente alcanza un nivel de altruismo y compasión. Cuando la mente llega a este estado, es consumida por el deseo de ayudar a los demás y liberar al mundo del sufrimiento.

En este estado, toda tu vida está dedicada al desinterés y la bondad. Descubrirás que tus niveles de compasión te darán el más alto nivel de satisfacción y ayudar a los demás te conducirá a la paz interior.

El Cumplimiento

Este estado indica "conciencia de la causa" y es el segundo más alto de los reinos. Este nivel indica un mayor nivel de independencia. Las personas se vuelven conscientes de las preguntas más importantes que plantea el mundo y comprenden el "por qué" de las cosas. La ley de causa y efecto se convierte en un concepto claro.

. . .

Entienden que toda causa tiene un efecto y que el universo siempre está en movimiento. Este concepto permite al practicante comprender completamente que cada pensamiento, intención, acción y emoción que experimente tendrá un efecto dominó en el universo.

El Divino omnisciente trabajará con ellos para observar plenamente y usará el esfuerzo y la meditación para convertirse en una mejor persona.

Al meditar, utilizarán su estado alterado para estar presentes y ser conscientes de sus acciones en el mundo físico.

Aprendiendo

El nombre alternativo para este estado es "escuchar la voz" y corresponde a personas interesadas en niveles más profundos de conocimiento. Usarán sus sentidos para guiarlos hacia la verdad y aprenderán a bloquear los estímulos externos que pueden ser desorientadores. Este proceso se conoce como intercepción y es la capacidad de mirar más allá de los cinco sentidos y reconocer lo que tu cuerpo y mente te están diciendo. Los practicantes se vuelven más conscientes de cómo el cuerpo y la mente están conectados. Este nivel de comprensión suele ir acompañado de un régimen de salud elevado a medida que se reconoce la comprensión de las advertencias sutiles del cuerpo.

El Éxtasis

El primero de los niveles inferiores es el estado de felicidad debido a influencias externas.

Esto se diferencia de estar iluminado y sentirse en paz porque es un estado temporal sujeto a cambios. Este estado puede sentirse eufórico y el intérprete puede sentirse como un ser celestial, pero todo puede cambiar en un período de tiempo notablemente corto.

Humanidad

Las personas que alcanzan este estado se encuentran en un estado mental controlado. Aprenden de los niveles más altos de moralidad y reconocen con claridad la diferencia entre el bien y el mal. Se sienten en control y responsables de su destino para que puedan arriesgarse y mostrar su vulnerabilidad frente a la negatividad. Esta etapa de la mente es una oportunidad para avanzar a un estado superior.

La Rabia

. . .

También llamado estado de malestar. Las personas en este estado son propensas a tener características negativas.

Se comparan con los demás y actúan de acuerdo con sus suposiciones.

Se vuelven dominantes y superiores con las personas que ven como seres inferiores mientras se vuelven serviles y aduladores con las personas que creen que son sus superiores. Hay una tendencia a compararte con los demás y dedicar todos tus pensamientos a cambiar. Las metas egoístas se apoderan de tus pensamientos y pueden conducir a acciones que son menos que nobles. Si alguien permanece en este estado por mucho tiempo, puede provocar serios problemas de autoestima.

La Animalidad

Cuando las personas alcanzan este estado, se retiran a sus instintos básicos. Los animales temen a los fuertes y disfrutan intimidando a los débiles. Dependen de sus instintos y pasan su tiempo luchando por existir sin encontrar tiempo para ser creativos. Este estado mental básico se caracteriza por la necedad y la impulsividad. Si alguien permanece en el reino de la animalidad, desarrollará sus sentimientos de lealtad y generosidad.

. . .

El Hambre

También conocido como el estado budista de los fantasmas hambrientos, este es el reino de los deseos insaciables. Las personas que residen en este estado serán impulsadas por la búsqueda incesante de posesiones materiales. Hay demonios y espíritus en este reino que pueden ser dañinos para los humanos y también pueden manifestarse como encuentros paranormales. Las personas en este reino serán devoradas por el deseo de volverse ricas o famosas, y sus horas de sueño pueden verse plagadas de imágenes perturbadoras como bosques oscuros, escaleras interminables y la sensación de abandono.

El Infierno

También conocido como el mundo del sufrimiento. La primera enseñanza de Buda es que todos necesitamos experimentar sufrimiento, y aquellos que se niegan a reconocer el dolor y la depresión se engañan. Este reino es un trampolín para otros reinos y debe experimentarse antes de poder experimentar la verdadera iluminación.

La mayoría de las personas exitosas tienen una historia de sufrimiento y con dificultad trascienden antes de alcanzar el éxito.

. . .

Las personas que emergen de este reino del budismo inevitablemente se verán fortalecidas por sus experiencias. Se niegan a permitir que las fuerzas externas influyan en sus verdaderos caminos y utilizarán su capacidad de recuperación incorporada para crear modelos valiosos para los demás.

Estos diez reinos no están en ningún orden en particular, y los budistas los experimentarán de diferentes maneras.

La interpretación de los reinos diferirá entre las ramas de la religión y se verá afectada por profesores individuales. Se diferencian del judaísmo porque representan aspectos más negativos de la vida.

El budismo puede ser la religión en la que primero piensas cuando se menciona el término reencarnación, pero la idea de que el alma es transportada de forma humana a animal no es parte de las enseñanzas.

El budismo libera a sus seguidores de las prácticas más tradicionales de religión. Se centra en la fusión del mundo imaginario con la realidad para elevar la mente. No se enfoca en el alma y cree que la construcción mental conocida como "el yo" es la fuerza dominante detrás de nuestra existencia.

. . .

La perspectiva cristiana sobre la reencarnación

La mayoría de la gente cree que la reencarnación no tiene ningún papel que desempeñar en las enseñanzas cristianas, pero algunas fuentes bíblicas sugieren que esto no siempre fue así. Las escrituras hebreas y las primeras enseñanzas contienen referencias al renacimiento que sugieren que se aceptaba comúnmente que su alma visitará la Tierra más de una vez. Esta creencia puede haber sido desalentada en la época medieval cuando la Iglesia Romana llegó a la conclusión de que si la gente creía que regresaría a la Tierra con frecuencia, sería menos probable que dieran su riqueza a la iglesia. También decretaron que el celibato de los sacerdotes era necesario para reclamar las pertenencias de sus hermanos ordenados.

Las Cruzadas también fueron un importante punto de inflexión para el cristianismo. La iglesia estaba pidiendo a sus miembros que donaran todos sus bienes mundanos a aquellos que lucharon en el nombre de Jesús, así que necesitaban un sistema que recompensara y castigara a sus seguidores. Nació el concepto de cielo e infierno. Los que donaron fueron al cielo para vivir con Dios y los ángeles, mientras que los que se negaron a donar pasarían la eternidad asándose en los pozos de fuego del infierno. La reencarnación habría diluido la creencia en el gozo o la miseria eternos, por lo que la iglesia cristiana disipó cualquier noción de renacimiento y la posibilidad de expiar las malas acciones.

3

La Perspectiva Wicca

Wicca se utiliza para describir un sistema de creencias que abarca un espectro de religiones y creencias paganas.

Ha existido por más tiempo que cualquier otra religión popular y se dice que ha sido evidente desde hace treinta y cinco mil años. Si bien algunos expertos afirman que el chamanismo, tal como lo practican los nativos americanos, es la forma de adoración más antigua, la Wicca desciende espiritualmente de los mismos ritos y puede clasificarse como chamánica.

La antigua Wicca puede haber existido durante siglos, pero la forma moderna de la religión tiene menos de cien años.

En la década de 1940, un hombre llamado Gerald Gardner reavivó el interés por las artesanías antiguas y escribió una serie de libros sobre brujería y los orígenes de la

Wicca. Describió su iniciación en un aquelarre de brujas en Inglaterra y su primer encuentro con el término Wicca.

Explicó que el término tuvo un profundo efecto en él, y describió su vínculo con la "Antigua Religión" y el juramento de silencio que tuvo que hacer. En la década de 1950, fundó una rama de la religión conocida como Gardnerian Wicca tras la derogación de las leyes de Inglaterra que declaraban ilegal la brujería. Su libro que hablaba de las "sombras" se convirtió en una parte básica de las creencias modernas de la Wicca, y los hechizos, rituales y tradiciones que contenía estaban fuertemente influenciados por la creencia de Gardner en la reencarnación.

Raymond Buckland conoció a Gerald Gardner en 1963, un año antes de su muerte, y se convirtió en embajador de Wicca en Estados Unidos. Se convirtió en un referente en la promoción de la religión y escribió prolíficamente sobre el tema. Fue apodado el "Padre de la Wicca estadounidense" en 1966, y el "Museo de Magia" se creó en su nombre en la ciudad de Nueva York.

La colección y el museo han renacido en varios destinos y actualmente se está restaurando en Ohio como el "Museo Buckland".

El atractivo de Wicca es la fluidez de sus creencias.

. . .

Abarca diferentes dioses y diosas y basa su culto en función de las necesidades individuales. El mundo moderno se centra en ser "verde" y salvar el planeta, por lo que la naturaleza neopagana de la Wicca es particularmente atractiva para los ecoguerreros. Los wiccanos creen que la Tierra es una deidad viviente que debe ser cuidada y tratada como la Diosa en todo. Creen que debemos vivir en armonía con la naturaleza y tratar a la Tierra con respeto.

Debido a que la Wicca tiene fuertes lazos espirituales femeninos, atrae a las mujeres que quieren escapar de las construcciones patriarcales de las religiones más formales. Wicca les ofrece una forma de celebrar a la diosa que se encuentra en su interior, conservando su esencia femenina.

Wicca no cree en establecer reglas o direcciones para sus seguidores. Cree que la individualidad y la magia ayudarán a sus seguidores a elegir el camino que más les conviene y sus necesidades. Los seguidores pueden practicar como brujas solitarias o unirse a un aquelarre de personas con creencias similares. Hay al menos 15 tipos de brujas y practicantes de Wicca para elegir, algunos de los más populares dependen de sus intereses y habilidades.

Tipos de brujas Wiccan

- **Brujas eclécticas:** estas brujas no siguen prácticas o religiones tradicionales. Prefieren

seguir su propio camino y volverse hacia su "yo superior" para derivar sus propios estudios y prácticas.
- **Bruja de las hadas:** como la ecléctica bruja, creen que su doctrina funciona mejor para ellas. La diferencia es que a menudo buscarán comunicarse con las hadas para ayudarles a elaborar sus ceremonias.
- **Bruja del seto:** A menudo, los curanderos poderosos o las parteras, las brujas del seto pueden comunicarse con el mundo de los espíritus. La palabra seto se usa para referirse a la barrera entre los dos reinos, y una bruja de seto a menudo se especializa en cruzar el límite para entregar importantes epístolas de los espíritus.
- **Bruja de la cocina:** a pesar del nombre, una bruja de la cocina no se limita a la idea tradicional de una habitación en la que cocinará. En cambio, convertirá su hogar y sus alrededores en un lugar mágico donde podrá realizar sus ceremonias y rituales. Ella usa tradicionales plantas y hierbas para producir pociones y hechizos que mejorarán la vida de quienes busquen su ayuda.
- **Bruja Dianica:** esta es la forma más femenina de brujería y se centra principalmente en la diosa Diana. Sus tres aspectos, la doncella, la madre y la anciana, son adorados a medida que las brujas Dianicas alcanzan sus metas relacionadas con la edad. A diferencia de los

otros tipos de brujas, la bruja Dianica siempre es practicada por mujeres. Hubo una rama en la década de 1950 llamada brujería arcadiana que se originó a mediados del siglo XX, diseñada para dar a los hombres el mismo estatus que estas mujeres divinas.

- **Bruja de los augurios:** estas brujas están involucradas principalmente en descifrar signos y símbolos antiguos que indicarán si los viajeros están en el camino correcto hacia la espiritualidad.
- **Bruja ceremonial:** como su nombre indica, estas brujas practican rituales y ceremonias para perfeccionar su oficio. Creen en el poder del ritual y, a menudo, utilizarán técnicas más modernas para mejorar su comprensión del poder que pueden atraer. Algunas brujas estudiarán matemáticas sagradas o creencias metafísicas para mejorar su conocimiento sobre sus ritos wiccanos.

Esta lista son solo algunos de los ejemplos de brujas Wiccan, y si los seguidores quieren definirse a sí mismos de otra manera, se les anima a hacerlo. Wicca es una forma fluida de adoración, y esto influye en cómo tratan el tema de la reencarnación.

Demasiadas religiones están atrapadas en responder la pregunta "¿Qué pasa cuando mueres?" y dictar lo que creen sus seguidores. Muchos proclaman tener la respuesta, pero seguramente no hay una única explicación disponible que cubra las preocupaciones de todos.

Wicca cree que puede tener algunas respuestas, pero no cree en establecer doctrinas.

Algunas personas dentro de Wicca creen en la otra vida y otras no.

¿Qué creen los wiccanos sobre la reencarnación?

Este es quizás el concepto más creído entre los practicantes, ya que renacer está en perfecta sintonía con la naturaleza. La mayoría de los procesos naturales son cíclicos, desde el núcleo más pequeño hasta el planeta más grande del sistema solar. Todos confiamos en un sistema recurrente para mantener formas de vida naturales. Los creyentes de la Wicca tienen diferentes ideas sobre cómo funciona la reencarnación.

Algunos creen que comenzamos nuestro viaje como las criaturas más humildes y transmigramos a través de un orden jerárquico espiritual hasta que alcanzamos la forma humana. Creen que el alma crece y aprende a medida que atraviesa un ciclo de renacimiento. Algunos creyentes creen que solo nos reencarnamos como humanos y que el mundo natural tiene una forma diferente de reencarnación. Esta forma de creencia también se puede aplicar a vidas extraterrestres si el practicante cree en la vida en otros planetas.

Algunas personas ven el viaje como uno progresivo que tiene niveles predestinados de ascensión, mientras que otras tienen diferentes creencias. Creen que el alma elige el camino que quiere tomar en la próxima vida y define la forma a la que quiere volver. Otros creen en la idea de la rueda del destino. Una decisión aleatoria define todo el proceso, y obtenemos lo que venga, sin importar lo que hayamos hecho en vidas anteriores. Algunas personas creen que la forma en la que reencarnamos depende únicamente del karma que creamos en nuestras vidas anteriores.

Independientemente de lo que crean es la fuerza impulsora detrás del destino, podemos esperar que la mayoría de los wiccanos creen que hay un lugar más allá de la muerte donde los espíritus descansan y se recuperan antes de regresar a la Tierra. Este lugar se llama la "Tierra de la Juventud" o, más comúnmente, "Summerland". Los paganos generalmente desdeñan el concepto de la otra vida. Saben que hay un ciclo de vidas que forman el ciclo de la existencia, pero tienen muy pocas creencias que abarquen el período entre estos ciclos. Los wiccanos creen que es necesario descansar entre vidas y comprenden la naturaleza tripartita del alma y por qué necesita regenerarse.

. . .

Los wiccanos creen que en nuestra vida encarnada, el cuerpo humano, el espíritu y el alma están unidos, y cuando morimos, se separan y necesitan descansar. En Summerland, existe la oportunidad para que el espíritu descanse y rejuvenezca. El alma está destinada a reunirse con la Fuente Original y esperar la reencarnación mientras el cuerpo físico se queda atrás en la Tierra. El espíritu necesita recuperarse de los apegos que ha formado con su vida anterior y ganar una perspectiva diferente. Summerland permite al espíritu encontrarse con otros e interactuar con ellos. Permanecerá apegado a los espíritus que han formado vínculos en la última vida, pero necesita unas vacaciones. Tendrá la oportunidad de buscar la guía de los antepasados que habitan allí y conectarse con brujas terrestres desde más allá del velo que separa los dos reinos.

Summerland se compara a menudo con el concepto cristiano del cielo, pero este es un concepto erróneo común. Otros creen que es un lugar como Valhalla en la religión nórdica, que también es inexacto. Summerland es el lugar donde necesita estar para recuperarse de las tensiones que se le han impuesto a su espíritu. Piensa en un oasis que adopte la forma con la que te sientas más cómodo, y que sea tu Summerland personal. Tú creas tu propia realidad aquí y puedes estar con quien te apetezca pasar el rato.

Si todavía tienes problemas para imaginarte cómo se ve esto, prueba los medios populares para obtener una fuente de referencia. Nexus fue un lugar visitado por la flota estelar en el año 2293, en una de las películas de ciencia ficción más famosas del año 1966. Cuando se les preguntó cómo era ese lugar, describieron una sensación de ser "pura alegría interior, como si fuera tangible, como una manta". Describieron un lugar en el que cada deseo o pensamiento era la fuente definitoria de la realidad.

El tiempo y el espacio eran irrelevantes y la paz que sentían allí era abrumadora. Así es como la mayoría de los wiccanos imaginan Summerland. No hay dolor ni sufrimiento, solo un lugar para descansar. Algunos creen que este es el plano en el que puedes elegir tu próxima encarnación y revisa tu existencia anterior.

Existe un autor australiano muy famoso nacido en 1965, quien ha ampliado la teoría detrás de Summerland y ha presentado un caso para Winterland como un lugar de retribución y castigo. En su libro, donde habla sobre la biblia de los wiccanos, sostiene que la teoría de Winterland está firmemente arraigada en las creencias paganas basadas en la tradición de un lugar parecido al infierno donde las almas que habían acumulado deudas kármicas eran enviadas a expiar.

Aunque el término Infierno se originó en la tradición pagana, la mayoría de los wiccanos cuestionan el propósito de tal lugar. Creen que el karma seguirá en vidas futuras y pagará cualquier fechoría que el alma haya acumulado.

. . .

¿Y si hubiera un caso para Winterland? Considera el caso de una bruja que ha abusado enormemente de sus poderes y ha causado un gran daño a otros. ¿Es suficiente enviarlos de regreso a la Tierra sin tiempo para reflexionar?

Winterland, o su concepto, ofrece a esas almas un lugar al que ir para reflexionar sobre sus hechos antes de viajar a Summerland para disfrutar del descanso y la paz que promete. ¿Podría haber un lugar de contemplación donde las almas puedan buscar respuestas y ajustar su actitud a los poderes que poseen, o es solo un mito?

Los wiccanos te dirán que si crees que Winterland existe y vives tu vida en consecuencia, está bien. Creen que todos podemos formarnos nuestras propias opiniones sobre la muerte, el más allá y la reencarnación.

Espíritus libres

Algunos wiccanos creen que sus almas se liberan de sus cuerpos cuando mueren y toman sus propias decisiones sobre lo que sucederá a continuación. Pueden convertirse en parte del ciclo de reencarnación de la existencia, o pueden explorar las vastas extensiones de tiempo y espacio libres de restricciones. Imagínate viajar entre la historia y el futuro en un abrir y cerrar de ojos. Transpórtate a la época romana para presenciar el surgimiento del Imperio o parpadea hacia adelante cuando el hombre reside en Marte. Las opciones son infinitas. Puedes optar por vigilar a tu familia y a tus generaciones descendientes, o simplemente puedes irte a dormir y descansar eternamente. Este es el verdadero significado de convertirse en un espíritu libre.

Una idea que puede abarcar diferentes ideas es que los espíritus indignos no son desterrados a Winterland; en cambio, permanecen atrapados en la Tierra. Podrían vagar por la Tierra hasta que los Dioses y Diosas sientan que han expiado su negatividad o fechorías en su última vida. Algunos wiccanos creen que las personas que han muerto inesperadamente o que tienen problemas que deben resolver pueden estar atadas a la Tierra durante algún tiempo.

Luego se convertirán en fantasmas o espíritus que rondan los lugares con los que están asociados. A veces, estos espíritus pueden ser amenazantes y tomar la forma de duendes u otros espíritus irreverentes.

No todas las ramas de Wicca creen en la reencarnación en su forma más tradicional. Buscan sus creencias en la naturaleza y ven los ciclos de la vida de manera diferente.

Reconocen que las semillas y las plantas producen frutos y flores cada temporada, pero argumentan que cada crecimiento es individual. Esto sería como las hojas y flores muertas que se pudren y son absorbidas por el suelo y luego contribuyen a la energía vital del universo.

. . .

Estos wiccanos creen que el cuerpo humano cumple el mismo propósito. Las cenizas calientes o el cadáver físico sirven de alimento a la Tierra. Para citar el texto bíblico Génesis 3:19, "Ceniza a ceniza, polvo a polvo". La vida después de la muerte simplemente no juega un papel en sus creencias, y creen que una vez que se apagan las luces, eso es todo, y nuestro tiempo en la Tierra se acaba.

Finalmente, ¿qué sucede cuando termina nuestro ciclo de reencarnación? Después de haber pasado por las diferentes existencias que estamos destinados a experimentar, ¿qué pasa con nuestras almas? Una vez más, los wiccanos buscan inspiración en la naturaleza, y tienen un canto popular que cuenta lo que sucede cuando ocurre el momento final de descanso.

El canto dice que: todos provienen de la Diosa, y todos eventualmente regresan a ella, como una gota de lluvia regresa al mar.

La fuente Divina es alimentada por las almas de los humanos que han alcanzado la culminación de su viaje.

. . .

Cuando nos sentimos satisfechos y hemos alcanzado nuestro mejor yo, nos unimos a la Diosa para convertirnos en uno con ella para siempre.

En general, los wiccanos no están demasiado preocupados por la muerte y el más allá. Prefieren vivir el momento y asegurarse de que cada segundo que pasan con vida esté lleno de asombro.

Creen que todos los elementos terrenales tienen alma y que cuando muramos, el destino se encargará de nuestra esencia y la colocará donde debe estar.

Esto puede estar en el aire que respiramos, los árboles que llenan los bosques o el agua o los animales.

Como seres humanos, es probable que sientas curiosidad por saber qué sucede cuando morimos, y eso es normal.

Los wiccanos no temen a la muerte. La abrazan como el final natural de la vida. Decir adiós a los que han fallecido es un ritual espiritual y creen en honrar a sus muertos.

Una guía sobre cómo honrar a los muertos al estilo wiccano

. . .

Si tu ser querido falleció hace algún tiempo, es posible que desees realizar estos rituales en Samhain, que es el 31 de octubre, o el día de los muertos, el 2 de noviembre, cuando el velo entre los dos reinos es más delgado. Si sientes dolor y angustia por el fallecimiento reciente de alguien, estos servicios pueden brindarte paz.

Ritual privado

Crea un altar dedicado a tu ser querido. Puede ser un altar tradicional o una parte de tu hogar, como el alféizar de una ventana o una mesa. Cubre la superficie con un paño blanco y coloca una foto de ellos encima. Puedes poner un plato de comida o una bebida que le haya encantado junto a la imagen y colocar una vela o una luz junto a ellos. Si ambos compartían el amor por la naturaleza, coloque un pequeño ramo de flores en el altar. Tú entiendes la imagen. Hazlo personal para ustedes dos.

Ahora, haz un círculo con un agente limpiador como lavanda o salvia y enciende la vela. Invita a tus seres queridos a unirse a ti en el círculo y ofréceles sus regalos.

Una vez que sientas su presencia, simplemente habla con ellos. Diles que los extrañas y cuánto los amas. Escucha mientras te hablan y déjalos hablar libremente. Una vez pasado el tiempo, libéralos de esta vida y deséales lo mejor.

. . .

Puedes decirles que tu vínculo nunca se romperá y que siempre estarán contigo en la vida o en la muerte.

Ceremonia pública

Compartir tu dolor con los demás puede ser una experiencia inmensamente poderosa. Si sientes que este es un ritual que te gustaría compartir con tus amigos, no tienes por qué ser demasiado pagano o basado en la Wicca. Este es un servicio conmemorativo al que pueden asistir todas las denominaciones.

La estructura básica de un monumento público:

- Establecer un monumento como un altar descrito anteriormente. Pidr a todos que contribuyan con algo.
- Deja que todos se tomen un momento para componerse y disfruten de un minuto de tranquilidad antes de que comience el memorial.
- Una canción que a todos les guste o un pasaje de poesía puede ayudar a enfocar la habitación.
- Como celebrante principal, expresa tu creencia de que tu ser querido está en la sala y está listo para escuchar a todas las personas que se encuentran dentro.
- Ahora que todos hablen si se sienten cómodos haciéndolo. Fomenta las historias sobre tus seres queridos, tanto felices como tristes. Pregunta si alguien tiene algo que le diría a la persona si

estuviera físicamente en la habitación. No hay reglas a seguir; este memorial es un proceso de curación y puede tomar cualquier forma mientras que con ella todos estén contentos.

- Reafirma tu creencia de que todos han sido escuchados y todos han fortalecido sus lazos de amor. Diles adiós y apaga la vela al finalizar el memorial. Otra canción puede sentirse bien y termina el procedimiento con una nota ligera.

4

Buen Karma, Mal Karma

Karma describe cómo las acciones de nuestra vida anterior influyen en las experiencias que enfrentaremos en nuestras vidas futuras. En las escrituras budistas, hay una profecía de que en el futuro, nacerá un hombre llamado Maitreya, que habrá alcanzado el estado de iluminación completa y enseñará la doctrina del Dharma a las personas no iluminadas de la Tierra.

Aparecerá con un alma que ha alcanzado el siguiente nivel de espiritualidad experimentado actualmente por el Buda y conocido como Bodhisattva.

En sánscrito, esto significa "ser iluminado" y será el salvador de la humanidad.

En teoría, todos podemos alcanzar este estado y renacer como Bodhisattva pero, hasta ese momento, necesitamos aprender cómo nos afecta el karma y cómo podemos sanar en esta vida.

Algunas personas sienten que el karma es el malo o el villano, que es la razón detrás de todo lo malo que nos pasa. También sentimos que el mal karma es la venganza de aquellos que nos han hecho daño. Se pueden pasar vidas persiguiendo deudas kármicas y sintiendo lástima de sí mismo sin que intervenga la curación.

Puedes evitar estos errores comunes al comprender estos hechos pertinentes sobre el karma:

1. *El karma es imparcial y neutral:* el universo tiene un plan para todos nosotros, y esto implica contratos del alma en los que nos comprometemos a llevar la mejor vida posible. Temer al karma puede impedirte llevar una vida digna, ya que siempre te preguntarás cuál será el retorno de cada acción que tomes. Recuerda, todos somos iguales a los ojos de la Fuente Divina, por lo que obtendrás lo que te mereces, ni más ni menos.
2. *Afronta tu deuda kármica con estilo:* si te enfrentas a grandes problemas y dificultades en la vida, ¿qué puedes hacer? ¿Le pides al ser superior que te dé un respiro o empiezas a ver los elementos positivos de tus problemas? Cuanto más grandes sean los problemas con los que debes lidiar, más deuda kármica estarás limpiando.

3. *Tendrás que lidiar con el karma:* Nadie puede saldar tu deuda con el universo excepto tú. Si intentas usar limpiadores espirituales o hechizos para lidiar con tu karma, puedes retrasar tus experiencias, pero se desviarán hacia atrás en el futuro.
4. *No eres una víctima del karma:* morar en el pasado y el futuro puede distraerte del presente. Concéntrate en vivir una buena vida con intenciones honestas y veraces, y estarás creando un futuro kármico saludable mientras borras tu deuda kármica simultáneamente.
5. *No busques venganza:* las personas con las que nos encontramos pueden tener relaciones kármicas contigo en una vida anterior. Esto significa que tienen una deuda que liquidar, o pueden estar creando mal karma para su futuro. Cualquiera que sea el caso, debes aceptar las razones de su relación contigo. Todos tenemos contratos con el alma a seguir, así que déjalos que sigan adelante y no trates de recuperar lo tuyo. La venganza no tiene ningún propósito y podrías crear tu propia deuda kármica.

Esto no significa que no debas luchar en tu esquina, ni mucho menos. Aléjate de las relaciones y experiencias tóxicas y limpia tu plato. No esperes a que el karma te devuelva el golpe, sabes que lo hará, pero no tienes que presenciarlo. Manténte alejado de aquellos que sacan a relucir lo peor de ti y busca relaciones más saludables.

1. *El gran karma significa grandes pasos:* la ley del karma es un sistema al que le encanta trabajar contigo. No le temas. ¡Abrázalo! Da esos grandes pasos y comienza a cosechar las recompensas.

Las leyes del karma se pueden explicar de forma sencilla, pero abarcan todo. El concepto principal es bíblico en su declaración. Cosechas lo que siembras. El mundo de la ciencia puede proporcionar un significado alternativo, ya que el karma es el paralelo espiritual de la ley del movimiento. Para cada acción, hay una reacción opuesta.

Todo en el universo está conectado, y si puedes sólo ver rasgos y personalidades negativas en los demás, entonces el problema está en ti. Se una mejor persona y reconoce que los humanos tienen defectos, pero también tienen grandeza interior. Nosotros somos espejos de lo que nos rodea, y si estás enfocado en la negatividad, entonces estás desperdiciando tu vida. Vive en el aquí y ahora y llénate de positividad, y te olvidarás de enojarte o sentir rabia. Esta es la ley del enfoque que nos enseña a concentrarnos en planos superiores de pensamiento en lugar de emociones básicas. El karma es una herramienta educativa que debería inspirarte a vivir una valiosa vida amorosa que contribuya al universo y a todos los que viven en él.

. . .

¿Qué son las relaciones kármicas?

Este tipo de relaciones a menudo serán la base de algunas de nuestras heridas kármicas más dañinas. Se formarán con almas que difieren mucho de ti y significarán conflicto. Estas relaciones a menudo serán breves pero intensas. Están formados para que puedas aprender una lección o enseñar una.

Estos son los signos de que estás en una relación kármica:
Es adictivo

Las relaciones normales prosperan cuando la pareja tiene intereses diferentes y disfruta pasar tiempo separados.

Cuando estás tan cautivado con tu relación que no puedes soportar dejarla de lado, esto no es saludable.

Si te sientes adicto a ellos, tu psique sabe que esto no es bueno para ti, pero no puedes resistirte. Si sigues repitiendo los mínimos de tu relación, entonces es hora de romper la adicción.

Considera los altos y bajos

. . .

Las relaciones normales involucran discusiones y momentos de desacuerdo. Las personas también experimentan una alegría intensa, y eso está bien. Cuando los períodos bajos superan o igualan a los máximos, es hora de reevaluar tu relación. Si sientes que tu pareja saca lo peor de ti, es hora de dejarlo ir.

No hay término medio

Las relaciones normales no están llenas de drama; no estarían sanas si lo fueran. Las relaciones kármicas son como montar en una montaña rusa. Un día puede que estés apasionadamente enamorado, susurrando dulces palabras y lleno de alegría. Al día siguiente se gritan el uno al otro sobre quién dejó una toalla en el suelo del baño. Puede que no te des cuenta de que eres esa pareja que hace que sus amigos pongan los ojos en blanco cuando no están de acuerdo. Si escuchas la frase "Aquí van de nuevo" o "El rey y la reina del drama", puede que sea el momento de ver cómo la relación se está desarrollando.

Los defiendes ante tus amigos

Aunque sabes que lo que la gente dice sobre tu pareja es cierto, no puedes admitirlo ante nadie, ni siquiera ante ti mismo. Los has colocado en un pedestal y nadie puede derribarlos. Pueden conducirte y tu sabes exactamente cuáles son sus fallas, pero decirlo en voz alta te mata. Sus defectos los definen y no se puede ver más allá de eso. Tus amigos tienen razón, pero prefieres pelear con ellos que hablar mal de tu pareja.

Tu pareja es egoísta

¿Te encuentras constantemente poniéndolos primero y olvidando tu propia identidad o necesidades? Crees que estás mostrando tu amor, pero puedes convertirte en un tapete para que se sequen los pies. Saben que no puedes vivir sin ellos, por eso te retuercen las emociones y te manipulan.

Las relaciones saludables implican dar y recibir. Ambos se preocupan por los sentimientos de las personas que aman y trabajarán en equipo. Los socios kármicos usarán su amor para salirse con la suya.

Ellos controlan

Están tan involucrados en ti como tú en ellos. Necesitan saber dónde estás y qué estás haciendo siempre. Necesitan saber que eres el centro de su universo, al igual que tú los consideras el centro del tuyo. Les preocupa que encuentres a otras personas más interesantes que ellos si te desvías demasiado. Si tu pareja intenta cortar tus lazos con otras personas, este es un signo clásico de que estás en una relación kármica.

La conclusión es que todos necesitamos relaciones kármicas para enseñarnos hechos importantes sobre el amor y la vida. Son esenciales para el crecimiento personal, siempre que los manejes correctamente. Una vez que reconozcas la toxicidad dentro de tu relación, debes eliminarlos de tu vida, sin importar lo difícil que sea.

Tienen una atracción emocional para ti que puede ser difícil de ignorar. Sé fuerte y estate seguro de que has aprendido de la relación, y tal vez ellos también.

Cómo generar buen karma

El orador motivacional y gurú de la autoayuda estadounidense, hizo un punto excepcionalmente bueno cuando dijo: cómo te trata la gente es su karma. ¿Cómo reaccionas es tu karma? No puedes evitar que las personas realicen acciones negativas, pero puedes reaccionar con positividad.

La mayoría de las personas viven sus vidas en piloto automático y no son conscientes de su impacto en los demás.

. . .

Un comentario echado a la ligera o una energía negativa pueden tener enormes repercusiones para las personas que conoces.

Gran parte de los conflictos en el mundo de hoy son el resultado directo de los pensamientos de las personas. Las redes sociales están llenas de ira y negatividad, y todas las disputas, las quejas y la infelicidad no pueden dejar de causar dolor a aquellos a quienes están dirigidas.

¿Cuándo fue la última vez que te sentiste positivo después de revisar tu red social? ¿Puedes sentir la energía negativa que se ha apoderado de todo el planeta recientemente?

Nadie dice que publicar un comentario desagradable en las redes sociales es la causa principal, pero piensa en lo que sucedería si todos fuéramos más conscientes de nuestro impacto en los demás.

Necesitamos contrarrestar esta energía negativa colectiva y elevar los niveles vibratorios de positividad. Puedes aportar tu granito de arena recordando aplicar estos consejos para aumentar tu karma:

Di la verdad

. . .

"Cada vez que dices una mentira, un hada muere" es un dicho popular en inglés que los padres usan para alentar a sus hijos a que siempre digan la verdad.

Si bien la mayoría de los adultos no creen en las hadas, ¡el sentimiento sigue siendo cierto! Si te descubren en una mentira, te haces parecer poco confiable y engañoso.

Otras personas no confiarán en ti y tu reputación se verá dañada.

Decir la verdad permite que personas con la misma brújula moral entren en tu vida. Te sentirás mejor sabiendo que tu círculo de amigos y colegas es un grupo de confianza que vive con autenticidad.

Mentir agota tu energía ya que necesitas monitorear tus engaños y recordar los detalles de las falsedades. Decir la verdad es mejor para tu salud y, en general, es más positivo.

Ofrecer cumplidos

Cuando felicitas a alguien, sinceramente puedes cambiar sus vidas. Puedes estimular su autoestima y ayudarlos a alcanzar la grandeza, o puedes simplemente alegrarles el día. Si te resulta difícil dar un cumplido, comienza con pequeños gestos. Dile a tu pareja que se ve bien o dile a un colega que es bueno en su trabajo. Una vez que experimentes la positividad que traerá un cumplido, es más fácil darlos con más libertad.

Ayudar a las personas necesitadas

Tener un propósito en la vida puede significar que te vuelvas un poco egocéntrico. Ser ambicioso y estar motivado no es algo malo, pero necesitas hacer tiempo para los demás. Ofrécete como voluntario para obras de caridad o proyectos comunitarios en tu tiempo libre y da algo a cambio. Ayudar a las personas que conoces también puede ser satisfactorio, y siempre habrá alguien que apreciará tus talentos y rasgos únicos.

Cuando te sientas vacío o perdido, ofrece tu ayuda a alguien y te sentirás mejor.

Las buenas acciones y las acciones amables te ayudarán a llenar cualquier vacío en tu vida que pueda estar causando que te sientas deprimido.

Trabaja

. . .

A veces habrá desempleo. Eso es un hecho de la vida, pero la forma en que lo afrontas no lo es. Si estás deprimido en casa esperando tu próximo cheque de desempleo, seguramente te sentirás negativo acerca de tu situación. Levántate de la cama y haz algo al respecto.

Ofrécete como voluntario para causas locales, realiza una pasantía o simplemente preséntate donde te gustaría trabajar. El entusiasmo por el trabajo es una parte clave de la vida y pone en marcha tus sentimientos positivos.

Adopta un puesto de medio tiempo pero dedica horas a tiempo completo. Participa siempre que puedas y te ayudará a progresar en la vida. Hacer realidad el trabajo es el sueño de todos, pero todos debemos empezar por algún lado. Incluso la posición más mundana ofrece oportunidades para el entusiasmo y la energía. Llena tus días de actividad y dormirás mejor y te sentirás más saludable.

Dale una oportunidad a alguien más

Si tienes la suerte de tener un buen trabajo o un puesto importante, está genial, pero todavía puede ser un momento preocupante para todos en este momento. La inseguridad financiera es una parte clave de la vida moderna, pero a veces debes pensar en los demás. Deja de preocuparte por cuánto tiempo tendrás un trabajo y mejora las cosas para otra persona. Haz una conexión o una recomendación para ayudar a mejorar las perspectivas de carrera de otra persona y tu karma crecerá.

Da las gracias con regularidad

La mayoría de las personas exitosas se dan cuenta de la importancia de las personas que trabajan con ellos. Los tipos que mantienen las ruedas girando mientras ellos son la fuerza motriz. La diferencia entre las personas que son respetadas y las que son amadas por su fuerza laboral a menudo puede ser un simple agradecimiento. Las personas respetadas y exitosas pueden ascender en la escala profesional y encabezar su campo, pero ganarse el amor de los demás requiere un gramo de esfuerzo adicional.

Uno de los expresidentes estadounidenses más importantes dijo la famosa frase: Debemos encontrar tiempo para detenernos y agradecer a las personas que marcan la diferencia en nuestras vidas. Dar las gracias no cuesta nada, pero da mucho. Desde el tipo que estaciona tu auto hasta el cajero del supermercado, dales un sincero "gracias" por su esfuerzo. La mayoría de la gente aprecia incluso la forma más simple de apreciación por lo que hacen.

Vivir con propósito

. . .

Hagas lo que hagas con tu vida, asegúrate de que estés lleno de intenciones claras. Fíjate metas para ti y atraerás a personas de ideas afines. El universo enviará personas y experiencias llenas de energía para que tu viaje sea más satisfactorio.

Regala algo valioso

Puede ser un regalo material o algo menos físico. Dar posesiones y efectos puede ser inmensamente satisfactorio, pero también puedes darle a alguien tus recursos.

Por ejemplo, si eres un escritor al que le ofrecen un trabajo que no es adecuado para ti, considera a otras personas en tu campo. ¿Conoces a otro escritor que pueda ser perfecto para este proyecto? Ser desinteresado y generoso puntuará alto en tu planilla de karma.

Conviértete en mentor

Compartir tus habilidades es una manera perfecta de devolver algo. La mayoría de las personas exitosas habrán experimentado alguna forma de tutoría, y los grandes líderes entienden que pueden cumplir este papel para otros. A veces, la transición de un actor individual a un líder puede llevar tiempo. Quédate con eso. Compartir el conocimiento es un gran regalo para dar.

Muestra amabilidad

Algunas personas creen que la esencia y la naturaleza indulgente son un signo de debilidad. Son signos de fuerza cuando se trata de karma. Nadie pasa por la vida sin lastimarse o ser lastimado por otra persona. La parte difícil puede ser superarlo y seguir adelante.

Los verdaderos creyentes en el karma reconocerán que las malas experiencias o las personas hirientes son señales de que el karma del pasado viene a darles una lección. Para difundir el buen karma, detén todas tus formas dañinas y perdona a aquellos que te han dado malas vibras en el pasado.

Estar ahí

Una de las formas más pasadas por alto de difundir el buen karma es también una de las más sencillas. Estar ahí para la gente puede ser increíblemente poderoso. Cuando tu amigo tenga un día importante por delante, pregúntale si necesita apoyo. El solo hecho de saber que estás preparado para estar allí para ellos les dará un impulso.

. . .

Cumple siempre tu palabra y asiste a los eventos a los que has prometido asistir. No importa si el clima es malo o si es difícil llegar al evento. Debes esforzarte siempre que sea posible. Cuando las personas hacen un esfuerzo y no son recompensadas con interés, puedes evitar que vuelvan a intentarlo. Sé la animadora de tus amigos y siempre ve a los eventos.

5

Descubre Tu Tipo De Alma

Tu ALMA ES la esencia más íntima de tu yo superior. Al igual que tu cuerpo está lleno de millones de células, solo hay unos pocos tipos diferentes de células. Al igual que hay millones de almas en el universo, sólo hay siete tipos de almas.

La mejor manera de describirlo es imaginar al Ser Supremo, la Fuente Original o Dios, cualquiera que sea su creencia, todos reconocemos la necesidad de una fuente absoluta de energía, de pie solos ante un prisma de vidrio. A medida que la luz y la energía de la fuente pasan a través del prisma, proyecta un arco iris de colores que reflejan los siete tipos de almas. Cada uno de estos tipos tiene un papel en el cumplimiento del esquema más amplio de las cosas.

No hay formas de clasificación dentro de los tipos de almas, y todas tienen un papel que desempeñar.

. . .

La naturaleza de los roles asignados a los tipos de almas:

- Cualquiera que sea su tipo de alma, el papel que desempeñes llegará de forma natural. No se fuerza ni se impone nada a nadie; ellos son quienes son.
- Los nombres arquetípicos que tienen los tipos de almas están lejos de ser políticamente correctos y no influyen en los roles que desempeñamos en la vida. Las almas de rey no ocupan automáticamente "posiciones más altas" que las almas de servidor.

A pesar del nombre, no hay ninguna asignación de género involucrada. Las almas no tienen género y elegirán entre los roles para adaptarse a la vida que están a punto de vivir. La actual reina de Inglaterra, Isabel la segunda, es la monarca reinante más antigua que aún tiene alma de Servidor.

Los niños a menudo mostrarán su verdadera identidad del alma, pero como adolescentes, comenzarán a enmascarar sus rasgos debido a la programación social, razones egoístas o presión cultural. Cuando llegan a la mediana edad, un verdadero personaje de alma puede dejar a un lado los grilletes que han gobernado su vida temprana y mostrar su verdadera vocación. Por ejemplo, una guerrera que haya pasado su vida temprana criando una familia puede postularse para un cargo político. Un artesano que pasó sus veinte años ascendiendo en el mundo empresarial puede dejarlo y convertirse en un agricultor orgánico que pinta.

Tu tipo de alma es permanente, pero todo lo demás puede cambiar. Un alma guerrera puede encarnarse primero como policía, luego ama de casa, luego niño prodigio y actriz, y así la vida continúa. Sea lo que sea que contengan sus vidas humanas, su alma será la misma. Serán grandes comunicadores a los que les encanta rodearse de gente. Serán bien hablados y bien informados sin importar cuál sea su posición social.

¿Cuáles son los siete tipos y cuáles son sus funciones?

1: El alma del servidor
Son los cuidadores de la naturaleza que buscan hacer del mundo un lugar mejor para todos.

A menudo son modestos y sin pretensiones, pero se esfuerzan por ayudar a las personas en todos los niveles.

Se preocupan por sus familias y pueden sentirse decepcionados cuando no cumplen con ciertos estándares. La verdad es que tienen los problemas del mundo sobre sus hombros y, a menudo, se les considera inofensivos.

. . .

Las almas de servidor a menudo se encuentran en carreras médicas, roles de servicio público como policías, ambulancias y trabajo social, y también pueden tener éxito en la política. Comprenden el 30% de la población.

¿Qué aspecto tienen las almas de servidor?

Son almas gentiles y esto se refleja en sus rostros. Sus cabezas son redondas y tienen la forma de una papa con rasgos suaves e indefinidos.

Pueden parecer cansados y oprimidos, y sus hombros normalmente se doblarán y les darán una forma redondeada.

2: El alma artesana

Estas almas toman sus pensamientos creativos y los transforman en realidad. Adoptan la creatividad y creen en la originalidad. Les gusta crear cosas, y cualquier cosa cuenta para saciar su sed de individualidad. Las almas artesanas funcionan bien en todas las industrias que involucran la creación. Esto puede ser tan diverso como un teorema científico o una poesía.

Piensa en todas las cosas interesantes del mundo: aplicaciones que controlan tu hogar, ingenieros que han diseñado los autos más rápidos en la carretera o arquitectos que han construido edificios asombrosos. Forman alrededor del 22% de la población y trabajarán en oficios que reflejan sus habilidades. A menudo pueden parecer tontos y fantasiosos porque sus pensamientos están llenos de ideas creativas y tienden a estar sumidos en sus pensamientos.

¿Qué aspecto tienen las almas artesanas?

Tienen caras en forma de corazón con rasgos serenos y uniformes. A menudo se verán como si estuvieran sentados para un retrato mientras miran soñadoramente al cielo.

Sus ojos parecerán soñadores y llenos de luces suaves que sugieren sus profundidades ocultas. A menudo mostrarán alegría y deleite de una manera infantil, y su alegría será evidente.

3: Almas guerreras

Como su nombre indica, son tipos activos que aman la competencia. Los desafíos están ahí para poner a prueba el espíritu guerrero, y estas almas creen que son el camino hacia el éxito. El trabajo duro los atrae como un imán, y estarán físicamente fuertes y listos para ir a la batalla. A menudo serán de voz suave pero contundente, y serán leales hasta el final. Pueden ser contundentes y enérgicos, lo que lleva a otros a encontrarlos groseros. Los guerreros causan el 17% de la población y son los atletas, soldados y vendedores con mayores ingresos.

¿Qué aspecto tienen las almas guerreras?

Tienen cabezas en forma de jarra con una mandíbula fuerte. Las almas guerreras tendrán cuerpos sólidos, de piel firme y acostumbrados al aire libre. Su personalidad en general es dura y angulosa, y su expresión a menudo es combativa. Expresivamente están listos para cualquier cosa y pueden parecer viciosos y despiadados.

4: Almas de erudito

Nacidas con una habilidad natural para buscar y retener conocimientos, estas almas siempre sobresaldrán en el mundo académico. Rara vez expresan sus emociones en público y pueden considerarse peces fríos.

Algunas personas los encontrarán arrogantes y distantes, y su carácter nerd a menudo los hará solitarios a pesar de que son de trato fácil. A los eruditos les encanta compartir sus conocimientos, pero esto puede hacer que parezcan jactanciosos y llenos de sí mismos.

A cargo del 13% de la población, se sienten más cómodos en los campos de la investigación y la ciencia. Les encanta trabajar solos o compartir sus conocimientos como maestros y profesores.

¿Qué aspecto tienen las almas de erudito?

Los eruditos tienden a parecer robots inteligentes con frentes grandes. Parecen robóticos debido a la falta de expresión y las características inexpresivas que muestran.

Su atención generalmente se centra en sus pensamientos, lo que puede hacer que parezcan desapegados y desinteresados en su entorno.

5: Almas sabias

Son personas que aman el protagonismo. No siempre son pensadores originales, confían en el ingenio y el encanto para ganarse a la gente. Su capacidad para desempeñarse de forma natural a menudo los ve como el corazón y el alma de la fiesta, y prosperan con la atención. Las almas sabias representan el 11% de la población y son felices en carreras como entretenimiento, maestros y oradores públicos.

¿Qué aspecto tienen las almas de los sabios?

Sus rasgos faciales son abiertos y accesibles. Las almas sabias usan sus rostros para comunicar su felicidad, por lo que sus mejillas son a menudo regordetas y prominentes.

. . .

Tienen bocas generosas a las cuales les encanta sonreír, y el efecto general es una cara que parece un globo.

6: Las almas sacerdotales

Este tipo de almas son compasivas, bondadosas y espirituales. Ellos nutren a la humanidad y representan el 7% de la población. Las almas sacerdotales se encuentran a menudo en funciones religiosas, trabajo social o asesoramiento.

¿Qué aspecto tienen las almas sacerdotales?

Suelen tener cabezas en forma de almendra con ojos de gato. La expresión sacerdotal puede variar desde un severo enojo hasta un gran entusiasmo, dependiendo de su enfoque. A menudo tienen una mirada hipnótica y sorprendentemente intensa.

7: Rey de las almas

Los reyes son excelentes para resolver problemas y son grandes líderes. Pueden ser arrogantes y, a veces, despiadados cuando las personas no cumplen con sus exigentes estándares. Las almas del Rey representan el 13% de la población y se pueden encontrar en funciones gubernamentales. Oficina política o como gerentes y puestos de liderazgo donde se pueden utilizar sus habilidades.

¿Qué aspecto tienen las almas del rey?

Tienen un aspecto distinguido con una cara ancha y una mandíbula dura. Su expresión puede variar desde una mirada de autoridad que te dice que saben lo que están haciendo hasta un ceño fulminante que te dice que saben que no tienes ni idea de lo que estás haciendo.

¿Qué clase de alma eres? Responde este cuestionario y descúbrelo:

Pregunta 1: Hay una fuerte tormenta en tu área y tienes el día libre. ¿A qué te dedicarías?

1. Pasar un día mimándote. Te mereces un día de lujo.
2. Pasar el día viendo documentales y programas históricos en televisión.
3. Pasar el día jugando juegos de mesa con tu familia.
4. Asegurarte de que tus vecinos estén bien y limpiar la nieve de sus unidades cuando necesiten salir.
5. Vuelves a conectarte con tus viejos amigos a quienes no has visto por un tiempo. Tal vez los llames por teléfono o escribas una carta.
6. Hacer una parrillada ya que el mal tiempo no te preocupa en lo mínimo.

7. Pasar el día bailando tus canciones favoritas y dejar tu cabello suelto.

Pregunta 2: Estás planeando un viaje a un país extranjero, ¿qué haces para prepararte?

1. No hago nada. Compro mi boleto y me voy. Eso es parte de la experiencia para mi.
2. Contratar guías locales y dejar que me lleven a lugares de interés.
3. Hablar con todas las personas con las que viajo y descubro qué los hace felices, después reservar.
4. Encontrar lugares de importancia histórica y planifico mi alojamiento para que se adapte a mi recorrido.
5. Elegir lugares espirituales en el área para visitar y buscar visitar sitios arquitectónicos.
6. Te encanta el lujo en vacaciones y eliges lo mejor de restaurantes y hoteles.
7. Elegir los complejos turísticos más animados, llenos de actividades y con una animada vida nocturna. Dormir es lo último que tienes en mente.

Pregunta 3: elige un lema que resuma tu actitud hacia la vida:

1. Todo el mundo es un lienzo para mi trabajo. El drama ocurrirá, pero se resolverá por sí solo.
2. Cuando sepa lo que es real y haya hecho mi investigación, sabré mi verdadero camino.

3. Soy un engranaje importante en una máquina mucho más grande. Yo juego mi parte, y estoy feliz de hacerlo.
4. Soy el dueño de mi propio destino y puedo causar bajas en mi viaje.
5. Tengo una devoción resuelta a un objetivo superior.
6. La fuerza me guía y estoy feliz de ser un modelo a seguir para los demás.
7. El amor y la bondad son esenciales, y también lo es la diversión.

Pregunta 4: Estás en un viaje para encontrarte con un amigo y el tiempo es corto. Te encuentras con un obstáculo y no puedes acceder a los mapas. ¿A qué te dedicas?

1. Buscas una alternativa en los mapas que tienes en el coche.
2. Compruebas por qué se ha producido el bloqueo y luego decides lo que harás.
3. Llamas a tu amigo y haces arreglos para reunirte en un lugar que sea más accesible.
4. Lo apartas y continúas tu viaje.
5. Conduces por la zona buscando una ruta alternativa.
6. Verificas que la carretera sea segura y luego conduces alrededor del bloqueo.
7. Pides ayuda a los lugareños.

Pregunta 5: ¿Qué tipo de trabajo voluntario te atrae más?

1. Enseñar tu lengua materna a estudiantes del extranjero.
2. Dar clases particulares de matemáticas o ciencias a los niños locales.
3. Trabajar en comedores o albergues para personas sin hogar.
4. Trabajar como representante dentro de una iniciativa de la ONU.
5. Ayudar en tu iglesia local u otros lugares religiosos.
6. Trabajar para una campaña política.
7. Organizar actividades al aire libre como campamentos o caminatas para niños de entornos empobrecidos.

Resultados

Si respondiste…

Principalmente a): eres un alma artesana. Tienes un encendedor y miras la vida y puedes ser creativo y divertido.

Principalmente b): eres un alma de erudito. Eres analítico, curioso y, naturalmente, buscas un camino neutral hacia el conocimiento.

. . .

Principalmente c): eres un alma de servidor. Estás cuidando a los demás. Te encanta compartir con los demás y rara vez piensas primero en ti mismo.

Principalmente d): eres un alma guerrera. Tienes una manera enérgica por naturaleza y proteges a los demás.

Estás decidido y te niegas a dejarte intimidar por los obstáculos.

Principalmente e): eres un alma sacerdotal. Eres un visionario al que le encanta dar energía a los demás y buscar ser una inspiración para los demás.

Principalmente f): eres un alma de rey, eres decidido y estás dispuesto a tomar el control cuando otros no pueden. Eres un líder natural.

Principalmente g): eres un alma sabia, eres entretenido y te encanta estar cerca de otras personas. Tienes confianza en todos los escenarios sociales.

6

¿Eres Un Alma Vieja?

CUANDO SE DISCUTE el tema de la reencarnación y el envejecimiento de las almas, a menudo se mencionará el nombre de Michael. Esto se debe a que un grupo de individuos que buscaban la espiritualidad se formó a principios de la década de 1970 para ponerse en contacto con alguna forma de ser superior a través de una tabla de Ouija. En 1973, se pusieron en contacto y todo el grupo se sintió conectado con esta entidad cuando el pizarrón expresó el mensaje: "Estamos aquí con ustedes hoy".

El grupo sintió que necesitaba darle un nombre a la entidad y preguntó cómo preferiría que se la conociera.

Respondió que el apellido que la entidad había usado en la Tierra era Michael, por lo que el nombre se quedó. El tablero de Ouija luego desapareció y el grupo usó otros métodos para charlar con Michael. Imagínate un asistente de voz Cósmico que responda a todas las preguntas, de forma detallada y racional.

Algunas preguntas eran espirituales, otras eran personales para la persona que las hacía, y algunas eran en general sobre la vida y lo que sucede cuando morimos. Aquí es donde las Enseñanzas de Michael pasan a primer plano de lo que sucede durante el proceso de reencarnación. La entidad le enseñó al grupo la estructura que forma el proceso y por qué necesitamos completar los ciclos internos para convertirnos en seres iluminados.

¿Qué son las "enseñanzas de Michael"?

Según Michael, hay cinco pasos para la evolución, y dentro de cada paso, se deben completar siete incrementos. Al igual que en un juego de computadora, te esfuerzas por alcanzar niveles más altos y enfrentarte a mayores desafíos.

Esto sugeriría que los humanos necesitan reencarnarse 35 (5x7) veces para evolucionar y aprender las lecciones necesarias para lograr la culminación espiritual.

Si tan solo fuera así de sencillo. Como sabemos por las enseñanzas kármicas, no siempre lo hacemos bien en cada vida que vivimos. Michael nos dice que la mayoría de los humanos toman más de 100 vidas para alcanzar el estado llamado alma vieja. Él nombró los cinco niveles y les adjuntó colores para que podamos identificar la madurez del alma en su forma humana.

¿Cómo se conocen las cinco etapas?

Almas Infantiles: Estas almas menos evolucionadas tendrán un tono rosado en sus auras. Están enfocados en sus necesidades individuales y su propia supervivencia. Florecerán en grupos pequeños o en entornos rurales y se sentirán menos cómodos en la sociedad moderna.

Carecen de las gracias sociales que tienen los seres más evolucionados y, a menudo, se considerará que tienen trastornos sociales.

Si bien pueden ser propensos a actos impulsivos y tener poca comprensión de las consecuencias en las que pueden incurrir, también son completamente inocentes y carecen del tipo de agendas a las que todos nos adherimos.

Alma bebés: estas almas tienen un tono amarillo más oscuro. En contraste con las almas infantiles, las almas bebés tienen una postura rígida e idea de principios del bien y del mal.

Pueden parecer conformistas y anticuados con respecto a sus ideas devotas y moralistas sobre la vida.

Las almas bebés a menudo eligen vivir en comunidades de principios estrictos que se rigen por un conjunto estricto de reglas que prohíben el uso de funciones modernas como la electricidad. Prefieren adherirse a métodos agrícolas más tradicionales y adorar con modestia.

Almas jóvenes: Rodeados de un aura de color amarillo brillante, estas almas tienen que ver con el ego. Están impulsados por la ambición y buscan ser famosos, exitosos, ricos o los tres. Las almas jóvenes son extrovertidas y descaradas. Tienen su propia agenda y no hay razón para cuestionarla.

La vida para las almas jóvenes tiene que ver con el legado que dejan, ya que en esta etapa, la mayoría de las almas son más conscientes de la muerte pero no están seguras de la reencarnación. Esto significa que están ansiosos por dejar su huella en la sociedad de una forma u otra.

Almas maduras: disfrutando del color verde natural de su aura, las almas maduras están más abiertas a sugerencias.

Han abandonado sus creencias rígidas y están más inclinados a fijar sus perspectivas sobre cómo se desarrolla la situación. Con las relaciones, las almas maduras son menos egocéntricas y se enfocan en la relación correcta para ellas en lugar de apegarse a las conformidades regulares.

En esta etapa de la evolución, las almas maduras encuentran la necesidad de buscar respuestas espirituales y comprenderse a sí mismas en un nivel más profundo. Esto puede ser a través del arte, la ideología u otras doctrinas que conduzcan al crecimiento personal. Las almas maduras también cuestionarán más. Necesitan estar seguros de que las creencias que tienen son reales y están basadas en la verdad.

Almas viejas: las almas viejas están bañadas en una luz azul-índigo y exudan una profundidad de sabiduría que irradia desde adentro. Cuando las almas maduras llegan a la niñez, a menudo se las describirá como con una cabeza vieja sobre hombros jóvenes. Las almas viejas son felices en su entorno y ven el mundo como un escenario para observar mientras viven en su propia burbuja de conocimiento y amor. Rechazan el conflicto y sienten una libertad que puede llevarlos a vivir una vida solitaria libre de estructuras sociales y expectativas.

La desventaja de su sabiduría y niveles más altos de compasión pueden conducir a la depresión o al retraimiento. Encuentran la vida moderna tan completamente caótica y basada en objetivos superficiales que conscientemente cortan los lazos con la sociedad moderna y viven vidas nómadas, buscando constantemente nuevas formas de sabiduría y espiritualidad.

Hay otro nivel de crecimiento mencionado por las enseñanzas de Michael que tiene lugar después de estas etapas terrenales. Esto se llama la etapa del alma anciana y se conoce comúnmente como etapa seis. Como esta no es estrictamente una etapa de reencarnación, es importante darse cuenta de que no siempre alcanzamos este nivel y permanecemos en la etapa 5.

¿Cómo saber que eres un alma vieja?

¿Sientes que has existido durante muchas, muchas vidas?

¿La gente automáticamente se acerca a ti en busca de consejos? Considera las diferentes civilizaciones y la importancia que se te da al conocimiento y la sabiduría.

Aquí hay algunas almas viejas que han influido en la historia.

Confucio: Abogó por la educación permanente, pero el concepto tardó 2500 años en entrar en el pensamiento moderno.

. . .

Charles Dickens: considerado el mejor novelista del período victoriano, creó obras maestras literarias que describían la Inglaterra victoriana y la disparidad social y la pobreza común en ese momento.

Erasmo: un humanista holandés que fue crítico de la Iglesia, pero mantuvo su fe y produjo materiales influyentes. eso cambiaría el curso de las enseñanzas religiosas para las generaciones siguientes. Luchó duro por la tolerancia religiosa y se convirtió en un líder en la reforma de la Iglesia Católica.

Eva Perón: conocida como Evita, fue una fuerza poderosa en Argentina a fines de la década de 1940 hasta su muerte en 1952. Formó el primer partido político femenino a gran escala y centró sus políticas en mejorar la vida de los ciudadanos más pobres y brindar servicios gratuitos de cuidado de la salud.

Rosa Parks: En 1955, Rosa cambió el mundo al negarse a obedecer un viaje en autobús para desocupar su asiento para que un pasajero blanco pudiera sentarse. Se convirtió en la madre de los derechos civiles modernos y su legado fue reconocido en todo el mundo.

15 señales de que eres un alma vieja:

1. **Tienes un fuerte sentido de la intuición:** En lo profundo del intestino, hay un neurotransmisor que indica cuándo hay peligro. Estos sentimientos activan la parte primitiva del cerebro que nos envía a un estado de alerta. Automáticamente sabes cuando alguien te está mintiendo o algo está "mal". Esto se debe a que las lecciones aprendidas en tus vidas anteriores te hacen más consciente de las personas tóxicas.
2. **Tienes una habilidad para la precognición:** esta es una habilidad que puede ser difícil de detectar incluso en personas que la tienen. Si tienes un sentido infalible de cómo se desarrollarán las cosas en el futuro, incluso antes de que ocurra el evento, entonces tienes la habilidad de la precognición. Otra forma de describir la habilidad es "segunda vista" o "predecir el futuro". Puede verse como una habilidad espiritualista y te sentirás atraído por trabajar con médiums y sanadores espirituales.
3. **Las tendencias modernas no te interesan:** las actividades e intereses populares simplemente no te influyen. Los pasatiempos y actividades tradicionales son más atractivos, y a menudo te retiras del mundo con un buen libro o pasas tiempo meditando a solas.
4. **Prefieres quedarte en casa con un amigo en lugar de socializar en lugares públicos:** Los bares y restaurantes ruidosos y con mucha gente son demasiado ajetreados para

ti, y prefieres lugares tranquilos con un ambiente tradicional.

5. **La gente suele llamarte una gran fuente de consejos:** Le dicen a la gente que eres como un sabio y que eres maduro para tu edad. Disfrutas de los comentarios pero no sientes la necesidad de repetirlos de manera jactanciosa. Si la gente quiere seguir tu consejo, entonces está bien si no lo hacen, entonces esa es su decisión.

6. **A menudo siente que tiene una perspectiva diferente de la vida en general:** Cuando necesitas tener una visión general, tu conciencia se eleva y miras el mundo como un águila volando en el cielo.

7. **La música es una pasión para ti:** Te encanta la música clásica, pero probarás todos los géneros y apreciarás la habilidad que se necesita para crear todo tipo de música.

8. **El tiempo es precioso para ti, aunque parezca que pasas tu tiempo soñando:** Consideras tus períodos contemplativos como un tiempo bien empleado y te niegas a apresurarte a experimentar múltiples actividades. Las almas más jóvenes están obsesionadas con empacar su tiempo con "cosas nuevas" en lugar de concentrarse en sus pasiones. Harás tiempo para las cosas que te gustan y dedicarás todo el tiempo que quieras a perseguir tus pasiones.

9. **Cuando te enfrentas a la adversidad, siempre tomas sabias decisiones:** Eres

conocido por ser un líder y alguien a quien acudir en tiempos de contienda.

10. **La generosidad es parte de tu naturaleza:** Te encanta dar regalos y ser testigo de la alegría que traen y prefieres dar una docena de regalos que recibir solo uno.
11. **El realismo teñido de optimismo es la forma en que basas tus creencias:** Sabes que el mundo está lejos de ser perfecto, pero crees en la creencia intrínseca de que es bueno para todos. Siempre tienes la esperanza de que habrá buenos resultados, pero sabes cómo lidiar con la negatividad.
12. **La moda pasa de largo:** La ropa está ahí simplemente para cubrir tu cuerpo y te niegas a ajustarte a la moda moderna. Tu sabes lo que te conviene y con lo que te sientes cómodo. Esto no significa que no tengas tu propio sentido del estilo, ¡pero eso es exactamente lo que es! Nadie te influye y te encanta usar ropa que refleje tu personalidad.
13. **La empatía es parte de tu maquillaje:** Cuando alguien entra en una habitación, inmediatamente sabes lo que estás sintiendo. Un cambio en su energía o un cambio en tu estado de ánimo señalará un reflejo de cómo se sienten. Algunos empáticos pueden detectar más signos físicos y dolor de los demás y pueden sentir la tensión muscular o los bloqueos de energía.
14. **Tienes fobias inexplicables:** Si vives en la ciudad y nunca has visitado la playa, ¿por qué

tendrías un miedo paralizante a los tiburones? ¿Qué pasa con las cosas normales que son placenteras para los demás y, sin embargo, te sientes disgustado cada vez que piensas en ellas? Las flores, los corderos y los cachorros son adorables, pero no sientes nada más que náuseas cuando piensas en ellos, señales de que tu alma ha tenido una mala experiencia con uno o los tres.

15. **Reconocimiento del alma:** las almas viejas se niegan a juzgar a las personas por sus acciones. Saben que todos estamos en un viaje y que cada acción influye en ese camino. Puedes conectarte con otros en un nivel más profundo y formar vínculos con muchas personas de todos los ámbitos de la vida. El conocimiento de su alma no se limita a los humanos. Tus conexiones con los animales o la naturaleza pueden ser igual de gratificantes o incluso más.

¿Qué edad tiene tu alma?

Responde este cuestionario y descubre si tu alma ha estado en la Tierra con frecuencia o si es relativamente nueva.

Pregunta 1: ¿Con qué frecuencia experimentas un déjà vu?
   a) Casi nunca
   b) Todo el tiempo, lo acabo de tener esta mañana.

c) Con frecuencia

d) Ocasionalmente

Pregunta 2: ¿Tienes lugares que te hacen retroceder en el tiempo?

a) Sí, y los visito con regularidad.

b) No, me encanta descubrir nuevos lugares y rara vez vuelvo a destinos.

c) Sí, yo no nací allí y no tengo familia allí.

d) Solo la ciudad natal de mi infancia.

Pregunta 3: ¿Sientes que has conocido a personas antes, aunque sean extraños?

a) No, siento que cada vez que conozco gente nueva, es una experiencia completamente nueva.

b) No realmente, pero probablemente haya sucedido un par de veces.

c) Todo el tiempo. He formado algunas conexiones fuertes a los pocos minutos de conocer a extraños.

d) A veces, siento que conozco a personas incluso antes de conocernos, y simplemente se sienten familiares.

Pregunta 4: ¿Cómo describirías el estilo de tu hogar?

a) Siempre cambiante, algunas habitaciones son modernas y otras son más tradicionales.

b) Estilo clásico de mediados de siglo…

c) Estilo victoriano.

d) Me encantan las gangas, así que lo que esté en oferta, con eso lo adorno.

Pregunta 5: ¿Qué tipo de programa de televisión prefieres?

a) Los vaqueros y los indios son geniales.

b) Dramas de época y ficción histórica.

c) Programas de ciencia ficción.

d) Me encantan las películas clásicas en blanco y negro.

Pregunta 6: ¿Alguna vez sentiste que el mundo moderno va demasiado rápido?

a) Para nada. Me encanta la tecnología y no veo la hora de ver a personas normales viajar por el espacio.

b) Sí. No tengo un teléfono inteligente ni una computadora portátil.

c) Demonios, sí, ¡preferiría vivir en el bosque en una casa fuera de la red y trabajar en mi taller!

d) No, el mundo va a un ritmo que todos podemos seguir.

Pregunta 7: ¿Siempre supiste qué carrera o trabajo seguirías cuando crecieras?

a) Sí, pero cambié de carrera cuando tenía veintitantos años.

b) Siempre sentí una fuerte conexión con mi destino desde una edad temprana.

c) No, siempre pensé que lo averiguaría cuando llegara el momento.

d) Lo sabía, pero no estaba seguro.

Pregunta 8: ¿Qué edad tiene tu grupo principal de amigos?

a) Mixta, mayoritariamente de mi edad, pero también me llevo bien con personas mayores.

b) Tengo amigos que son mucho mayores que yo, y la gente de mi edad me molesta.

c) Amo a las personas que tienen la misma edad que yo o incluso un par de años más jóvenes.

d) Unos pocos son mayores que yo, pero la mayoría son de mi edad.

Pregunta 9: ¿Qué tradición del pasado le gustaría que se restaurara?

a) Hacer un baile mientras bebo martinis.

b) Los torneos en los que solían pelear los Caballeros.

c) Ninguno. Fueron abolidos por una razón.

d) La vida de pueblo con mayos y ceremonias paganas.

Pregunta 10: ¿Escuchas a veces las voces de personas que ya no están con nosotros?

a) No.

b) Todo el tiempo, y me consuelan. Ellos aparecen cuando necesito ayuda o tranquilidad.

c) De vez en cuando, pero puedo desconectarlos.

d) Mucho, ¿acaso no le pasa a todo el mundo?

¿Cuál fue tu puntuación?

- 1) a) 1 b) 4 c) 3 d) 2
- 2) a) 4 b) 1 c) 3 d) 2
- 3) a) 1 b) 2 c) 4 d) 3
- 4) a) 3 b) 2 c) 4 d) 1
- 5) a) 3 b) 4 c) 1 d) 2
- 6) a) 1 b) 3 c) 4 d) 2
- 7) a) 3 b) 4 c) 1 d) 2
- 8) a) 2 b) 4 c) 1 d) 3
- 9) a) 2 b) 3 c) 1 d) 4
- 10) a) 1 b) 4 c) 2 d) 3

Entre 10 y 20

¡Hola novato! Eres nuevo para el mundo y, aunque es posible que hayas estado aquí antes, todavía estás desarrollando tu personalidad y tu alma. El mundo es un lugar fresco y vibrante para ti, y abrazas el futuro. Estás ansioso por conocer gente nueva y formar lazos para llevarlos al éter espiritual, pero no estás seguro de por qué. El concepto de un viaje espiritual es todavía nuevo para ti y no impacta demasiado en la vida que estás llevando actualmente.

Entre 20 y 25

Tienes algo de edad para tu alma, pero todavía estás clasificado como un alma infantil. Ves el mundo con curiosidad y asombro, pero has aprendido lecciones importantes en tus vidas anteriores.

Entre 25 y 30

Eres un alma joven que tiene opiniones encontradas sobre el mundo. Como un adolescente humano, comprendes que el mundo moderno está lleno de innovaciones asombrosas, pero también puedes reconocer el valor de las ideas retro y el conocimiento histórico.

Entre 30 y 35

Eres un alma madura que puede sentirse un poco harta del mundo, ya que has vuelto tantas veces. Eres una persona llena de sabiduría y a la que la gente recurre en busca de consejos. Sabes que tienes algunas cosas que aprender, pero puedes ver la luz al final del túnel en cuanto a tu viaje espiritual.

Entre 35 y 40

¡Hola viejo! Bienvenidos al club de las almas antiguas. Has estado allí y lo has hecho. Puedes contemplar la muerte con una actitud saludable al darte cuenta de que la vida es corta, pero la muerte no es el final. Es posible que te sientas cansado y listo para terminar tu viaje a través del reino espiritual. Prefieres tu propia compañía y dedicas tu tiempo a buscar esas últimas pepitas de información que quizás te hayan eludido antes. Otras personas simplemente interfieren con tu búsqueda, por lo que tiendes a buscar la soledad.

7

Llamas Gemelas Y Almas Gemelas

ALGUNAS PERSONAS PIENSAN que ambos conceptos significan lo mismo. Ellos definen las llamas gemelas y las almas gemelas como el amor de su vida, la una o la otra mitad. Si bien esto es parcialmente cierto, los dos conceptos están mucho más definidos y describen diferentes tipos de relaciones.

¿Qué son las llamas gemelas?

Los grupos espirituales han usado el término llamas gemelas durante algún tiempo, pero las clasificaron como parte de un grupo de almas más genérico. Incluso entre las personas espirituales, el razonamiento detrás del término rara vez se tocó. En 2014 todo eso cambió.

Las llamas gemelas y su impacto en la vida parecieron estallar en las redes sociales y otras plataformas populares.

· · ·

Se escribieron canciones sobre la noción de llamas gemelas y aparecieron en películas de Hollywood. Los artículos de revistas han descrito la idea detrás de las llamas gemelas, y los adolescentes describieron sus primeras relaciones tóxicas como la primera parte de su viaje de llamas gemelas. Sencillamente, la generación más joven hizo que las llamas gemelas fueran glamorosas y sexys.

La historia de la "Llama Gemela" se origina mucho más atrás en la historia, y la más popular se puede encontrar en el Simposio del filósofo Platón con fecha c. 385-370 a. C. Afirma que originalmente hubo 72,000 humanos creados por los dioses, y cada uno tenía cuatro brazos, cuatro piernas, dos caras en una sola cabeza y dos juegos de genitales.

Estos humanos originales eran enormemente poderosos y amenazaban a los dioses, quienes consideraron brevemente erradicarlos y consignar a la humanidad a la historia. Pronto se dieron cuenta de que si destruían a la humanidad, también perderían su fuerza laboral.

Los humanos eran la mayor fuente de energía y los dioses necesitaban mantenerlos cerca.

Zeus resolvió el problema dividiendo a los humanos en dos formas. Al hacerlo, estaba duplicando la mano de obra y mejorando la tasa de producción en un 100%. Los humanos perdieron su poder y se convirtieron en meros esclavos de los dioses. Sin embargo, sintieron el trauma de perder su "otra mitad" profundamente y sintieron que no podían sobrevivir en su forma actual. Se murieron de hambre y murieron.

Los dioses se dieron cuenta de que había que hacer algo, pero no querían darles a los humanos sus poderes originales y correr el riesgo de ser dominados. Apolo se hizo cargo e ideó una forma de unir las dos mitades pero disminuyendo sus deseos originales.

El resultado fue la forma humana que conocemos hoy, con solo un ombligo restante del físico original. Cada humano tenía solo un par de genitales, pero siempre estaría lleno del deseo de reunirse con su otra mitad original o su llama gemela.

¿Qué son las almas gemelas?

Las almas gemelas a menudo se describen como el epítome del amor y la asociación. A medida que viajamos a través de nuestras diferentes reencarnaciones, nos encontramos con almas que son parte de nuestra familia de almas. Aparecerán en tu vida cuando los necesites y te ayudarán a tomar decisiones importantes y a convertirte en un alma más iluminada en tu vida actual. Algunas de estas almas se convertirán en tu pareja, mientras que otras serán tus amigas. Otros pueden ser mentores o personas importantes que influyen en tu vida. La diferencia entre almas gemelas y llamas gemelas es el viaje que emprenden juntos.

Solo tienes una llama gemela, pero puedes tener varias almas gemelas. Con las llamas gemelas, tendrás conflicto y pasarás por diferentes etapas hasta lograr la conexión perfecta. Las almas gemelas deben crear menos conflictos y más amor. Pueden estar en tu vida durante décadas, o pueden quedarse durante una semana más o menos. Las almas gemelas se conectan contigo al instante. Sentirás un vínculo instantáneo y abrumador, y tu psique se sentirá elevada mientras estas personas estén en tu vida.

No todo el mundo llega a conocer a su llama gemela o alma gemela. Esto se debe a que nosotros, como parte de la sociedad, tendemos a asentarnos. Cuando tenemos una buena relación, es tentador permanecer en esa relación porque temeros estar solos para cuando nos casemos o tengamos hijos o incluso compran una propiedad juntos, las parejas a menudo permanecen juntas aunque saben que pueden hacerlo mejor.

Algunas de estas relaciones son necesarias para cerrar un capítulo kármico, pero la mayoría son alimentadas por la necesidad de compañía. Es difícil entender qué papel se supone que juegan ciertas personas en tu vida, y es crucial saber cuándo terminar ciertas relaciones. Deben hacerse preguntas incómodas. ¿Son las personas con las que estamos ahora nuestras verdaderas almas gemelas o simplemente están llenando un vacío?

¿Cómo se reconoce a un alma gemela?

1. *Hay confusión interna:* en el momento en que conozcas a un alma gemela, tu instinto lo sabrá. Es difícil explicar lo que sucede, pero tus emociones se encenderán como nunca antes.
2. *Déjà vu:* las almas gemelas viajan contigo a lo largo de tu viaje espiritual y es posible que experimentes flashbacks que las incluyan. Su reunión puede ser una imagen especular de un encuentro anterior y puede sentir un escalofrío de reconocimiento. Probablemente sentirán lo mismo, y usarás esta conexión para formar tu vínculo en la vida que estás viviendo.
3. *Se completan el uno al otro:* ¿Alguna vez conociste a una pareja que se sincroniza? Terminan las frases de los demás y trabajan sin esfuerzo en equipo. Si la experiencia es con amigos o familia, significa una reunión de miembros de la familia del alma, pero si sucede con una pareja, ¡entonces esa es tu alma gemela!
4. *Te encantan sus defectos:* Tradicionalmente, las parejas reconocen que su pareja no es perfecta y tratan de "mejorarlos". Tal vez los animen a hacer dieta o cambiar su forma de vestir. La conclusión es que no están contentos con todos los aspectos de su personalidad o apariencia. Las

almas gemelas celebran las debilidades y peculiaridades de los demás. Viven juntos sin importar las tendencias que tengan.

5. *Intensidad:* Las almas gemelas saben que pueden superar cualquier barrera u obstáculo que se presente dentro de su relación. No se rendirán y lucharán juntos para superar incluso los peores momentos de la historia.
6. *Actúas como un equipo:* Como pareja, puedes ser muy diferente, pero tienes esa conexión, así que te comprometes. Tu alma gemela no necesariamente compartirá todos tus intereses, pero se unirá para mantenerte feliz. Esta es una relación basada en la unidad y el equilibrio.
7. *No puedes estar separado:* las circunstancias pueden separarte, pero mentalmente permanecerás conectado. La vida puede estar alejándote de tu alma gemela, pero permanecerás conectado en tu mente. Ambos pueden levantar el teléfono para llamarse el uno al otro simultáneamente. También puedes planificar un viaje a algún lugar que tu alma gemela también esté planeando visitar.
8. *Te sientes protegido:* a pesar del género, tu alma gemela siempre será tu ángel de la guarda. Tienen sus mejores intereses en el corazón y lo defenderán hasta la muerte. Esta es una forma común de distinguir si su relación se basa en una conexión conmovedora. Si tu pareja actual te ha hecho sentir inseguro alguna vez, entonces no es tu alma gemela.

9. *La vida sin ellos sería insoportable:* las relaciones son notoriamente difíciles de terminar y alguien siempre saldrá lastimado. La diferencia con las relaciones del alma gemela es que vivir separados es inconcebible. Vale la pena luchar por el vínculo que tienes, y ambos intentarán todo lo posible para mantenerlo.
10. *Se miran a los ojos:* las almas gemelas tienen una conexión profunda y sellarán su vínculo con el contacto visual. Hay un alto nivel de comodidad y facilidad, y cuando se conectan, puede parecer que nadie más existe excepto ustedes dos.

¿Cuáles son las señales de que tienes una llama gemela aunque aún no la hayas conocido?

Algunas personas experimentarán el ciclo completo de reencarnación sin ningún indicio de la existencia de su llama gemela. Otros se encontrarán con su llama en muchas vidas diferentes y formarán relaciones intensas con ellos. Luego están las almas que saben que tienen una llama gemela pero no están destinadas a encontrarse con ellos físicamente.

Los signos o indicios precursores pueden indicar que la verdadera mitad de tu alma está por ahí y tratando de conectarse.

. . .

Estos son algunos signos comunes de que su llama gemela está en algún lugar:

- Nunca te has comprometido completamente con una relación romántica: es posible que hayas sido parte de una pareja, pero nunca abriste realmente tu corazón. El matrimonio y las parejas a largo plazo parecen eludirte. Esto se debe a que estás involucrado espiritualmente con tu llama gemela y otras relaciones simplemente no te atraen.
- Sentirse como un visitante en tu entorno: si alguna vez sentiste que no perteneces o te sentiste separado de otras personas, podría ser una señal de que necesitas buscar algo más. La sociedad en la que naces carece de la fuerza que necesitas para quedarte, por lo que puede ser el momento de explorar otras opciones. No te preocupes por dónde va porque su llama gemela espiritual influirá en sus decisiones.
- Sentirse diferente de otras personas: ¿Miras a las personas con las que vives y trabajas y sientes que son un poco extrañas? No parecen querer las mismas cosas que tú, o carecen de ambición en su vida. Simplemente podrías anhelar una existencia superior que ofrece tu llama gemela.
- Los fenómenos espirituales son extrañamente atractivos: incluso si creciste en un hogar que se enfocaba estrictamente en asuntos corporales y creencias seculares, te sientes atraído por las prácticas espirituales. La sociedad a menudo

impone restricciones a esos intereses y los etiqueta como peligrosos y malvados, pero aún así quieres saber más. La espiritualidad es la raíz de todos nosotros, y si sientes una conexión, entonces explórala y abre tu mente a los mensajes que recibirás.

- Los lugares y las culturas te atraen a pesar de que no hay una razón obvia: si experimentas la necesidad de visitar algún lugar sin ninguna razón, entonces podría ser una señal de que tu llama está conectada a ese lugar. También podría significar que en tu vida/vidas anteriores, tu y tu llama pasaron tiempo juntos allí. Tu gemelo podría estar viviendo en un continente diferente y viviendo en una cultura lejos de la tuya, por lo que necesitan que te prepares si te encuentras.
- Tienes un recuerdo latente de cómo es tu pareja ideal: ¿Alguna vez te has preguntado por qué algunas personas se sienten atraídas por parejas con cierto color de cabello o forma corporal? ¿Por qué algunas mujeres se desmayan con los tipos artísticos mientras que otras prefieren los deportistas? Esto podría deberse a que su llama gemela tenía estas características en una vida anterior y tu alma las recuerda.
- Los sueños son vívidos y aparecen extraños en ellos: ¿Tienes un participante en el sueño que toca la fibra sensible cuando estás dormido, pero no los reconoces físicamente? ¿Podría ser ésta tu llama gemela diciéndote que están cerca? Después de todo, necesitas saber qué

características buscar, para que tus sueños sean el lugar perfecto para conectarse. Estas conexiones también pueden ser intensamente espirituales y pueden sentirse como si tu gemelo hubiera hecho mejoras físicas en su alma. Algunas personas han descrito la experiencia como algo tan potente como hacer el amor y ser abrazado con pasión. Esta es tu llama gemela conectándose en un plano diferente y señalando lo increíble que es su relación a pesar de que están separados.

- El concepto de llamas gemelas ocurrirá repetidamente en tu conciencia: Puede que estés en la casa de un amigo y la película más romántica del mundo se esté proyectando en la televisión, o un artículo aleatorio sobre llamas gemelas aparece repentinamente en tu material de lectura normal. El universo siempre está influyendo en el camino que tomas, y estos signos sutiles podrían significar que una reunión es inminente.

- Intensos estallidos de felicidad: ¿Alguna vez has experimentado tal júbilo que tu corazón se siente en condiciones de estallar? Las sensaciones cálidas y profundas sin una razón aparente pueden significar que tu llama gemela te está enviando su energía amorosa. Acepta estos sentimientos y disfruta de la conexión.

- Los números de ángeles aparecen en tu vida: los mensajes celestiales están sujetos a leyes terrenales, por lo que algún tipo de signo físico debe reemplazarlos. El universo usa números de ángeles para señalar su intención y llamar nuestra atención hacia lo que tienen que decir. La mayoría de los números tienen un significado angelical, pero los más poderosos son 3, 7, 1 y 2. El maestro constructor que indica que tus sueños están a punto de volverse realidad es 22, y si eres testigo de la sincronicidad que incluye este número, entonces podría ser un mensaje.

Tal vez te despiertes sin ningún motivo a las 2:22 A.M y luego te vuelves a dormir. Si tu recibo en las tiendas contiene una secuencia inusual como $33.33, este es un mensaje de tu gemelo.

La principal diferencia entre alma gemela y llama gemela es que las relaciones son las etapas que experimentas. Las almas gemelas aparecerán cuando las necesites y desaparecerán cuando hayan cumplido su misión. Pueden quedarse para siempre o estarán contigo por un tiempo relativamente corto. Las relaciones de llamas gemelas son diferentes. Tienen siete etapas distintivas que ambos socios deben experimentar para que el proceso alcance su cumplimiento.

¿Cuáles son las siete etapas?

Etapa 1: La búsqueda
Durante esta etapa de tu relación, experimentarás anhelo y una sensación de estar incompleto. Sabes que falta

algo y sientes que conocer "al indicado" es la única relación que necesitas. Incluso si el concepto de llamas gemelas o almas gemelas te es extraño, en el fondo sabes que una conexión espiritual es la única forma de satisfacer tu anhelo por amor.

Durante esta etapa, abrirás tu mente a nuevas ideas.

Leer artículos o libros espirituales te ayudará a descubrir cómo curarte y prepararte para tu gemelo. Comprometerte con un terapeuta o buscar el cierre de relaciones pasadas te ayudará a despejar tu psique, listo para la llegada de tu llama.

Etapa 2: Vislumbrar y encontrarse

Esta etapa es cuando tienes una idea física de cómo se ve tu llama. Esto puede ser en sueños o en la vida real. La sensación de asombro será abrumadora cuando sientas la presencia del Amado. Cuando te encuentres en un plano físico, te enamorarás de ellos. Estás en la mejor relación de todas y es una pareja de cuento de hadas que soportará cualquier dificultad.

A veces descrito por parejas regulares como el período de luna de miel, ¡esto va mucho más allá de eso! Este es el período de luna de miel cruzado con una lotería con esteroides. Estás enamorado y eres a prueba de balas.

Etapa 3: La prueba

En este punto, te das cuenta de lo parecidos que son ambos. Las almas gemelas pueden diferir completamente de ti con personalidades polares opuestas, pero las llamas gemelas son tu otra mitad. Reflejarán tu personalidad y te llevarán al límite. A medida que avanza la etapa 3, ambos contemplan el futuro y cómo pueden vivir juntos en armonía con todos los obstáculos de la sociedad que se pondrán interponer en su camino. Algunas parejas se desmoronarán en esta etapa y es posible que necesiten reencarnarse juntas.

Etapa 4: La crisis

Esta es la etapa en la que tus emociones se pondrán a prueba. Los egos estallarán y las viejas heridas se reabrirán. Recuerda, tu gemelo comparte todas tus necesidades, deseos y sueños más profundos, pero también reflejan tus emociones. Por ejemplo, si estás reprimido emocionalmente, puedes provocar un conflicto explosivo. Si son obstinados, probablemente serás tímido y callado, y pueden dominarte y empujarte a situaciones incómodas.

Esta etapa es dolorosa y puede ser devastadora para algunos.

· · ·

Etapa 5: El corredor y el perseguidor

Después de la etapa de crisis, es común que ocurra una división. Uno de los dos decidirá que ya ha tenido suficiente y huirá de su compañero.

Esto podría ser un acuerdo mutuo para pasar un tiempo separados o la decisión de uno de los miembros de suspender la relación de forma permanente. Durante este juego del gato y el ratón, la madurez del alma juega un papel importante en la determinación de los roles del individuo.

La persona que elige correr a menudo tendrá un alma menos madura, mientras que el perseguidor será más probable que intente hacer las paces y mantenga viva la relación. El corredor a veces se irá durante años y cortará todas las comunicaciones antes de reaparecer en la vida de su pareja para intentar reavivar la relación.

Etapa 6: Rendición y disolución

Ahora es el momento del autoexamen y la curación. Rendirse se usa de esta manera para describir el proceso de perder la necesidad de controlar la relación. Ambas partes trabajarán juntas para comprender los problemas que llevaron a la crisis y la etapa de ejecución. Ambos "entregarán" su relación con el universo y se darán cuenta de que el destino regirá cómo se traza su futuro.

Etapa 7: Unidad

También llamada fase de unión, es cuando te conviertes en una unidad completa y comienzas tu viaje mutuo. En esta etapa, algunas parejas se darán cuenta de lo que el mundo tiene reservado para ellos. Verán un objetivo común y trabajarán juntos para lograrlo. La empatía y la bondad serán las emociones que sustituyan al resentimiento o la ira. Los dos se convertirán en uno solo y el pasado se irá a la basura.

Si bien estas siete etapas de las relaciones de llamas gemelas son necesarias, a menudo pueden pasar varias vidas e identidades para progresar a través de ellas.

Las etapas se pueden repetir un número infinito de veces hasta que ambas almas estén en el lugar correcto y tengan la madurez necesaria para superarlas. La fuerza del despertar es complicada y no todos lograrán el proceso. La clave que tienes que recordar es que si logras la unidad, no conocerás mejor experiencia en la Tierra o en el mundo espiritual.

8

Las Lecturas Astrológicas

LA ASTROLOGÍA nos proporciona una de las formas más precisas de explorar nuestras vidas pasadas. Las cartas natales, también conocidas como cartas de nacimiento, nos permiten ver las influencias kármicas que han viajado con nosotros a nuestra encarnación actual. Una lectura precisa nos dirá qué forma ocupamos en vidas anteriores y los problemas y talentos que heredamos.

Debes creer en la astrología como ciencia y tener fe en la importancia de la reencarnación y las vidas pasadas para que el proceso funcione. Tu carta natal te explicará diferentes aspectos de la vida que llevas hoy y por qué sientes conexiones con extraños y lugares desconocidos.

Hay varios enfoques para leer tu carta natal, y la primera pregunta que debes hacerte es: "¿Qué es lo que me emociona de mis vidas pasadas? ¿Qué es una carta natal y con qué información debería construirla?"

A primera vista, una carta natal puede parecer una imagen gráfica complicada con múltiples componentes desconcertantes. Formado en un círculo, es una interpretación artística de la información de tu nacimiento que es una hoja de ruta hacia tu psique. Cuando se estudia correctamente, te brinda una gran cantidad de información sobre todos los aspectos de tu personalidad. Tus puntos buenos y debilidades, a quién amas y por qué los amas, tus rasgos de comportamiento y todas sus pasiones están mapeadas en el gráfico y pueden expandir tu visión de tu vida. Los datos indispensables que necesita son:

- Tu nombre
- Fecha de nacimiento
- Género
- La hora en que naciste
- Dónde naciste

Es posible que parte de esta información no esté disponible, pero intenta ser lo más preciso posible.

La hora del nacimiento puede estar fuera de tiempo por unos pocos minutos, pero la precisión te dará una lectura más precisa. Tu ciudad natal también se puede tener aproximada si la ubicación exacta no está disponible. Si no se te proporciona la hora y la información geográfica, aún obtendrás un gráfico, pero te faltarán algunas cosas.

Dependiendo del método que elijas usar, tu gráfico ahora se formará y creará conexiones interesantes. Los dos métodos más comunes son "Koch" y "Placidus", este último llamado así por el monje que lo desarrolló. Placidus es el sistema por defecto utilizado durante siglos y es considerado de rigor por astrónomos expertos.

El día de la semana en que naciste es un fuerte indicador de tu personalidad porque el planeta vinculado a ese día se amplificará en tu Carta Natal.

Los días de la semana y sus correspondencias
El lunes es el día de la Luna
El martes es el día de Marte
El miércoles el día de Mercurio
El jueves es el día de Júpiter
El viernes es el día de Venus
El sábado es el día de Saturno
El domingo es el día del sol

Lo que esto significa se resaltará en tu gráfico. Dentro de tu gráfico hay ciertas casas que contienen la clave para los detalles de tus reencarnaciones pasadas. Es esencial comprender qué divulgaciones puedes esperar que brinde cada casa.

- La cuarta casa es la fuente de hechos ancestrales. Revelará detalles de tus raíces y las costumbres y tradiciones que te han seguido hasta tu encarnación actual. Si te inclinas a favorecer elementos o rituales de determinadas fuentes culturales, esta podría ser la fuente de esa información y los lazos que sientes.
- La octava casa es la fuente del renacimiento. Señala la transformación que habrás experimentado siguiendo los eventos que te sucedieron durante tus vidas pasadas.
- La novena casa explicará tu destino kármico en la vida que estás viviendo actualmente.
- La casa 12 es posiblemente la más importante. Habla del karma de todas tus reencarnaciones anteriores y te da una imagen completa de tu deuda kármica y tu progreso.

Planetas

El siguiente paso es considerar los planetas asociados con las diferentes casas. Deberás examinar tanto los planetas positivos como los retrógrados indicados en tu carta natal, ya que todos tienen significado. Las conexiones planetarias positivas te darán respuestas a diferentes preguntas y se enfocarán en estas áreas:

- Mercurio: se relaciona con áreas de comunicación y transporte. Indica que tienes fuertes lazos con tu familia y amigos y que tienes fuertes habilidades para compartir.
- Venus se relaciona con tus relaciones, especialmente el matrimonio y la sociedad. Destaca tu vida amorosa y la fuerza de tus lazos con la riqueza material.
- Marte se relaciona con tu energía personal y el nivel de vitalidad que posees. También se relaciona con las energías negativas que te han seguido a este plano desde vidas anteriores.
- Júpiter se relaciona con tu nivel de desarrollo social y de evolución. Júpiter también indica la importancia del lugar que ocupas en tu vida social y círculo de amigos.
- Saturno se relaciona con tu madurez social y cómo manejas las figuras de autoridad. Señala tu preferencia para pasar tiempo con personas mayores e indica un alma más madura.

Las conexiones planetarias débiles pueden ser tan informativas como las fuertes. La imagen positiva es engañosa si no se compensa con un informe negativo.

¿Cuál es la señal del planeta débil?

- Si el Sol es débil en tu carta, esto significa que es probable que tus encarnaciones anteriores hayan sido infieles en tus relaciones y no se tomaran sus deberes en serio. Las conexiones débiles del sol también indican abuso de poder y acciones pecaminosas.

- Una Luna débil en tu horóscopo significa que no respetaste a otras personas. Jugaste con sus emociones y los trataste mal. No solo tomaste cosas que no eran tuyas sino que contaminaste la atmósfera que compartiste con ellos.
- Las conexiones débiles con Marte sugieren una rabia permanente en tu vida pasada. Eras egoísta y te negabas a ayudar a los demás. Te considerabas mejor que los demás y no tenías respeto por nadie.
- Una conexión débil con Mercurio en tu horóscopo muestra inmadurez emocional. Considerabas que las personas mayores estaban más allá de lo mejor y no eran dignas de tu consideración. Los problemas ambientales pasaron de largo y probablemente destruiste muchos árboles y lagos.
- Si Júpiter es débil, esto indica un ego enorme. Tus vidas pasadas te la pasaste persiguiendo tus propios placeres e ignorando tu desarrollo espiritual.
- Las conexiones débiles de Venus significan que fuiste engañoso y astuto. El robo, el fraude y otros métodos clandestinos de comportamiento te habrán resultado fácilmente.
- Las conexiones negativas o débiles de Saturno muestran una tendencia a ser altivas y distantes.

Es posible que hayas estado en posiciones de poder, pero no tenías empatía con tus subordinados ni con la fuerza laboral.

El nodo sur es uno de los aspectos más importantes de tu carta natal con tus vidas pasadas. Forma una correlación con tu nodo norte para convertirse en tus nodos lunares.

Tu nodo norte te dice quién debe ser en esta vida, mientras que tu nodo sur te dice cómo superar los errores y los malos hábitos que has acumulado.

Si no lo haces, no llegarás a ninguna parte en la vida y quedarás atrapado en un ciclo interminable de negatividad. Lo que tu nodo sur significa para ti se aclarará una vez que identifiques qué signo del zodíaco es tu nodo sur y norte.

Aries (del 21 de marzo al 19 de abril)
Aries con nodo al sur significa que eres egocéntrico y necesitas ser el centro de atención. Eres despiadado y pisarás a otros para lograr tus necesidades. Para mejorar, debes ser más comprensivo con otras personas y ayudarlas a lograr sus sueños. Haz amigos en lugar de enemigos.

Tauro (del 20 de abril al 20 de mayo)

Adoptas el materialismo y has pasado tus vidas pasadas buscando riquezas. El lujo y el placer eran las fuerzas que te impulsaban y no te interesaban los asuntos espirituales. Ahora es el momento de cambiar tu enfoque y dejar de lado los placeres y las búsquedas materialistas.

Géminis (del 21 de mayo al 20 de junio)

Si tu nodo sur está fijo en Géminis, eres deshonesto, poco confiable y un mentiroso constante. Eras experto en usar mentiras para salir de situaciones difíciles sin tener que rendir cuentas. Tenías el don de la palabra pero eras traidor. Para mejorar, debes comenzar a decir la verdad y ser más productivo y útil.

Cáncer (del 21 de junio al 22 de julio)

Si Cáncer es su nodo sur, entonces has sido un poco "dejado" en el pasado. Otras personas han explotado tu naturaleza amable y abusado de tu amistad. Te tomas las cosas personalmente y temes molestar a los demás con tus opiniones. Para mejorar, debes concentrarte más en ti mismo y en tu vida. Ayuda a los demás, pero solo cuando te hayas asegurado de que se satisfagan tus propias necesidades.

Leo (del 23 de julio al 22 de agosto)

Te permites asumir la culpa de otras personas. Los problemas de otras personas son como un imán para ti, y necesitas dejar de entrometerte. Su nodo sur te está diciendo que te concentres más en ti mismo y, en su lugar, resuelve tus propios problemas.

Virgo (del 23 de agosto al 22 de septiembre)

El nodo sur en Virgo significa que tiendes a sobreanalizar todo. Cuando te distraes con pequeños detalles y hechos irrelevantes, no logras ver el panorama general.

Necesitas más paz y estabilidad en tu vida, y necesitas curarse a ti mismo. Deja ir tu necesidad de controlar a los demás y concéntrate en ti mismo.

Libra (23 de septiembre - 22 de octubre)

En vidas pasadas, has estado en el centro de atención y has recibido con agrado la atención que otros te brindan. Ahora es el momento de volverte más completo y dejar de buscar la gratificación de tus compañeros. Necesitas desarrollar tu sentido de valía y conocer tus fortalezas.

Escorpio (23 de octubre - 21 de noviembre)

En el pasado, has sido posesivo y manipulador, especialmente en las relaciones. Has tratado mal a otras personas y es hora de enmendarte. Deja de depender de otras personas para mejorar tu vida y ser más autosuficiente. Solo entonces podrás disfrutar de relaciones saludables y exitosas.

. . .

Sagitario (22 de noviembre - 21 de diciembre)

Tu conexión con el nodo sur de Sagitario te dice que tus vidas pasadas se han vivido de manera poco realista.

Vas a la deriva por la vida sin establecer raíces ni seguridad. Deja de vivir la vida de un soñador y huyendo de la misma. Las aventuras están bien, pero necesitas volverte más realista y adaptarte a la sociedad normal.

Capricornio (22 de noviembre al 21 de enero)

En vidas pasadas has sido materialista. Has trabajado duro para conseguir lo que querías, pero has descuidado a otras personas. Has medido la felicidad mediante extractos bancarios y riqueza personal. Deja ir tus tendencias materialistas y encuentra la felicidad de formas más espirituales. Encuentra el amor y descubre tu lugar en la sociedad para encontrar verdadera satisfacción y felicidad.

Acuario (22 de enero - 21 de febrero)

Tus encarnaciones pasadas han sido cautelosas a la hora de mostrar sus emociones. Has estado reprimiendo las cosas durante demasiado tiempo. Empieza a compartir tus sentimientos sin importar lo incómodo que te haga sentir.

Deje salir tus emociones y tomarás diferentes decisiones en la vida y te convertirás en parte de un grupo social libre para hablar y para compartir.

. . .

Piscis (22 de febrero - 21 de marzo)

El nodo sur en Piscis indica que te falta la fuerza para defenderte. Has sido culpable de carecer de autoestima, así que es hora de cambiar. Deja de permitir que la gente se aproveche de ti y aprende la palabra no. Ponte a ti mismo en primer lugar y solo ayuda a los demás cuando realmente lo necesiten.

¿Cómo puedo obtener una carta astral?

Puedes consultar a un astrólogo profesional visitando un sitio en línea que actualmente enumera 93 asesores de lectura de astrología en línea que te brindarán una carta natal detallada a diferentes precios. El sitio también te dice qué esperar y ofrece una versión gratuita menos detallada del gráfico.

Aquí hay una muestra de los resultados de un gráfico gratuito creado para un hombre llamado Bruno, nacido el 14 de enero en la Ciudad de México a las 6:14 am.

Los planetas y puntos en los signos incluyen al Sol en Capricornio, lo que indica que Bruno es conservador, honesto y eficiente. Sin embargo, puede estar preocupado y ser pesimista. Es el más adecuado para carreras que requieren integridad y organización.

. . .

El ascendente en Capricornio indica que puede haber tenido problemas para comunicarse en sus primeros años de vida y sufre de miedo a la insuficiencia. Debido a que Bruno es reservado, puede parecer frío e insensible, lo que puede manifestarse en dolor físico, especialmente en el área de la rodilla. La lección espiritual que se aprende es relajarse y volverse más sociable.

El nodo al norte de Bruno está en cáncer, lo que indica que se sentirá más seguro y cómodo en su propia piel a medida que envejezca. Gravitará hacia posiciones de autoridad y buscará contribuir a la sociedad. En la primera casa, el sol y la luna respaldan la tendencia de Bruno a ser propenso a los cambios de humor y puede perder la confianza en sí mismo.

Mercurio en la primera y la duodécima casa sugiere que Bruno sufre de nervios y ansiedad cuando se enfrenta a situaciones sociales, lo que resulta en su esbelta estatura. Sus nervios no lo detienen, pero aceleran su metabolismo.

Marte en la primera casa significa que tiene una energía que puede llevar a la imprudencia. A veces, su persona sensata será dejada de lado, arrojará la precaución al viento y hará algo imprudente. Urano en la octava casa sugiere habilidades psíquicas e intuición aguda.

. . .

Bruno tiene fuertes ideas sobre el sexo y la muerte, y cree en la reencarnación y en mantener relaciones en vidas sucesivas. La otra vida es un gran misterio para él, y explorará ideas ocultas y más convencionales. Urano en la octava casa también es un signo de poderes curativos espirituales, y Bruno puede ser bendecido con el poder de imponer las manos.

Saturno en la segunda casa significa que Bruno tiene cuidado con su dinero. Él comprende la importancia de tener ahorros, pero a veces puede olvidarse de disfrutar los frutos de su trabajo. Se ha prestado demasiada atención al materialismo en vidas anteriores, y esto puede causar depresión y miedo a la pobreza en esta vida. Debe aprender a lograr un equilibrio saludable y compartir sus posesiones y riquezas con los demás.

Neptuno en la undécima casa es esquivo y significa que Bruno es propenso a la indecisión. Atrae a tipos bohemios con ideas extrañas y extravagantes y tiende a trabajar en el sector creativo. Ellos pueden intentar presentarle alucinógenos o alcohol para "expandir su mente", pero tendrá la fuerza para resistir.

El nodo norte de Bruno está en la séptima casa, lo que le dice que debe dejar de mirar el mundo con una vista de ojos cerrados. Necesita desarrollar un alcance más amplio y descubrir de lo que es capaz. Sus vidas pasadas han tenido un ligero avance, pero ahora es el momento de ganar confianza y entusiasmo. Debería dejar de buscar la gratificación de los demás y confiar en su propia opinión.

Los extractos de la carta natal de Bruno son solo parte de la información contenida en su lectura. Hay un cuadro detallado con componentes detallados y enlaces a otras fuentes de información que ayudan a explicar lo que significa todo. No es necesario ser un experto para leer la tabla. Solo necesitas paciencia para estudiarlo.

Todos estos sitios en internet también ofrecen informes de tránsito diarios, que son como un horóscopo pero más detallados, y un informe de compatibilidad de pareja. Este es un informe de sinastría que da indicaciones astrológicas de compatibilidad para parejas. Este informe se basa en cómo se alinean el sol y los planetas, pero no la luna, por lo que no requiere una hora de nacimiento. Es increíblemente detallado y describe cómo las parejas deben adaptarse y qué áreas de sus vidas estarán sujetas tanto al conflicto como al amor.

No te dejes intimidar por los términos utilizados en este tipo de gráficos. Son detallados y contienen información sobre las vidas pasadas y las presentes. Ofrecen una visión profunda de una relación individual o de pareja con otras personas. Hay sugerencias de salud y carrera en los gráficos que pueden sorprenderte y hacer que reconsideres tu situación actual. La conclusión es que si estás involucrado en el lado espiritual de tu vida o vidas, entonces comprenderás cómo influye el plano astral a todo y a todos. Si crees en esto, ¿por qué no mirarías las cartas natales para descubrir qué pueden decirte? Los recursos en línea modernos significan que los resultados están a solo unos clics de distancia. Incluso si eres escéptico, ¿qué daño puede hacer ver lo que las estrellas tienen reservado para ti?

9

Tus Vidas Pasadas

La reencarnación ahora se ha identificado como parte de la historia de tu alma, por lo que el siguiente paso es examinar lo que sucedió en tus vidas anteriores. Buscar la ayuda de un profesional es la opción obvia para algunos, y la terapia de regresión está ampliamente disponible a través de terapeutas calificados. Si la idea de la terapia es ajena a ti, puede ser útil saber cómo funciona la terapia.

Terapia de regresión explicada

La mayoría de los pacientes buscan esta forma de terapia para tratar fobias, depresión u otras preocupaciones debilitantes.

Los terapeutas trabajan con ellos para descubrir experiencias pasadas que han influido en sus vidas actuales y revivirlas para aceptar los efectos que tuvieron. Los expertos han utilizado la hipnoterapia y el psicoanálisis durante décadas para ahondar en el pasado y resolver problemas y conflictos actuales.

El padre del psicoanálisis fue un gran influyente en este campo de la terapia y creía que los traumas infantiles de sus pacientes eran la clave para tratar los trastornos de los adultos. Los tratamientos de la terapia de regresión moderna todavía se refieren a sus ideas, ya que llevan la terapia un paso más allá y ahondan en vidas y encarnaciones pasadas. En la década de 1980, un destacado psiquiatra desarrolló técnicas adicionales que catapultaron la terapia de regresión a convertirse en una forma acreditada de tratamiento.

La terapia funciona en tres niveles de conciencia. Los componentes centrales se centran en estas áreas de pensamiento:

- La mente consciente. Esto se centra en pensamientos que el paciente recuerda claramente o sobre los que tiene recuerdos.
- La mente subconsciente. Centrarse en las emociones de las que el paciente no recuerda. Estas emociones e instintos están enterrados en la mente y el terapeuta utilizará diferentes técnicas para liberarlos.
- La mente superconsciente. Espiritualmente, esta parte de la psique humana se conoce como el

alma. Este nivel superior de conciencia es el lugar donde se encuentran las intenciones y los sueños. Es una plataforma de cómo el paciente quiere desarrollarse.

La regresión a vidas pasadas nos ayuda a sanar en nuestra vida y obras actuales de la siguiente manera.

Preparación

Esta es la primera etapa de la terapia e implica la invocación de un estado hipnótico leve. Se le pedirá al paciente que se acueste en un sofá y cierre los ojos. Se les pedirá que imaginen un conjunto de escaleras para bajar lentamente mientras cuentan hasta diez.

Las señales verbales los ayudarán a relajarse a medida que descienden y, cuando lleguen al final, quedarán hipnotizados.

Técnicas de regresión

Los diferentes terapeutas utilizan diversas formas de llevar a sus pacientes a un plano astral. La mayoría colocará pensamientos en un ambiente familiar creando un punto de partida familiar. Identificarán lo que sienten todos los sentidos y pedirán al paciente que beba en su entorno.

• • •

Ahora pedirán ayuda a un guía espiritual en el que el paciente crea. Puede ser un ángel, un guía espiritual o cualquier otro ser etéreo. Ahora comienza el viaje al pasado.

Expresando emociones y explorando la vida vivida

A medida que el paciente llega a su encarnación pasada, el terapeuta hará las preguntas pertinentes. ¿Qué ve el cliente cuando mira sus pies y manos? ¿Qué edad tienen?

¿Cuál es su ocupación? El terapeuta sondeará suavemente las sensaciones, la intensidad y las emociones que siente el cliente y su historia.

Este proceso puede acceder a diferentes vidas dentro de una sesión o tratar con una vida por sesión. Los métodos de los terapeutas se basan en la capacidad de sus clientes para hacer frente a las emociones intensas que se pueden liberar, y siempre estarán al tanto de la seguridad del paciente.

Reprogramando la mente subconsciente

Ahora la terapia se centrará en cambiar las emociones negativas que afectan al paciente en la actualidad. Utilizarán una imagen positiva de sí mismos y hablarán para disipar las influencias negativas del pasado. Estas emociones y recuerdos pueden actuar como obstáculos para el éxito, y es el trabajo del terapeuta eliminarlos.

El miedo a menudo puede influir en la falta de confianza, ya que el cuerpo humano está programado para afrontar el miedo y sobrevivir a toda costa. Si sus vidas anteriores han incluido traumas y experiencias que aumentan los niveles de miedo, la terapia puede usarse para superar estos miedos y ponerlos en perspectiva. Es difícil crear el cambio en la vida actual si las lesiones mentales de vidas pasadas no se curan.

Terminando la sesión

El cliente necesita regresar al "mundo real" cómodamente. Los terapeutas traerán al paciente de regreso a la realidad con un conteo suave con palabras tranquilizadoras.

Algunos terapeutas disputarán que usar la hipnosis es la mejor manera de hacer retroceder a los sujetos. Les preocupa que la técnica pueda estar sujeta a "recuerdos falsos". Prefieren utilizar un método llamado Técnica de Sanación Cuántica, donde se coloca al sujeto en un estado semi sonámbulo que les permite olvidarse de su cuerpo físico y explorar su mente.

. . .

Se anima al sujeto a mantener conversaciones reales con sus encarnaciones anteriores y hacer preguntas sobre sus vidas. Los practicantes creen que esta forma de terapia es más exploratoria que la hipnosis y animan a sus sujetos a hacer preguntas prácticas y espirituales. Creen que la sabiduría de ellos mismos les dará una mayor comprensión del funcionamiento del universo y la reencarnación.

Algunas personas describen el proceso como la posibilidad de comprobar la documentación del viaje de su alma.

¿Y si la idea de ver a un terapeuta te deja frío? Alguien que hurgue en tus pensamientos y recuerdos personales y tenga rienda suelta sobre tus recuerdos no es para todos, por lo que puede ser mejor para ti explorar tus vidas pasadas solo. Tu estás en una mejor posición para lidiar con los hechos y detalles que descubrirás y suspender los procedimientos cuando sientas la necesidad.

Tener el control de tu conciencia expandida significa que tienes el control en todo momento. El potencial de exploración es inmenso y el proceso es relativamente simple. Puedes personalizar la experiencia para asegurarte de tener las mayores posibilidades de éxito.

Cómo retroceder y volver a conectarte con tus vidas pasadas

Antes de comenzar, el proceso físico toma algún tiempo para reunir las cosas que te ayudarán a retroceder.

Si sientes una sensación de déjà vu cada vez que hueles ciertos aromas, asegúrate de poder olerlos cuando retrocedas. Si sientes un tirón cada vez que se menciona a Francia, asegúrate de tener representaciones visuales de la vida francesa. Fotos de la torre Eiffel o una botella de vino tinto ayudarán a despertar recuerdos de la región.

Paso 1: Prepara la habitación

Elige la habitación que utilizarás para realizar el proceso y coloca los disparadores en la línea de visión. Ahora asegúrate de que la temperatura sea la correcta, fría pero no helada. Despeja la habitación de distracciones y cierra las cortinas para bloquear la luz. La habitación debe estar iluminada con luces ambientales y colores suaves. Utiliza el ruido para guiarte a vidas pasadas, como el sonido de la playa u otros sonidos que atraigan tu psique.

Los cristales y los símbolos espirituales pueden mejorar el proceso, así que asegúrate de que estén a tu alcance o vista si necesitas tranquilidad. Las imágenes de símbolos espirituales te ayudarán a sentirte seguro al comenzar tu viaje al pasado.

Cualquier cosa que te haga sentir protegido funciona y se asegura de que encuentres solo buena energía.

Paso 2: Prepárate

A veces podemos olvidarnos de hacer tareas obvias cuando nos enfocamos en algo que puede cambiar la vida, pero nuestro cuerpo debe estar en una forma óptima. Has comido una comida ligera y te has hidratado antes de comenzar el proceso, o podrías distraerte con su hambre y sed.

Tu ropa debe ser cómoda y holgada. Los pantalones de yoga de algodón fresco, turnos y holgados son ideales. Es posible que sientas el impulso de una vida anterior para vestirte de cierta manera, y eso es genial, cualquier forma de influencia solo hará que el viaje sea más suave. Se debe usar cualquier ropa que te guste. Es posible que tengas un par de zapatillas de ballet que te encantó a pesar de que nunca aprendiste cómo bailar, solo hazlo, nadie te está juzgando.

Paso 3: Medita y sé más consciente

Necesitas mejorar tu enfoque y volverte más receptivo al camino que estás a punto de tomar. Si bien es posible que sepas cómo viviste en tus encarnaciones anteriores, probablemente habrá algunas sorpresas por delante.

. . .

Prepararte es una parte clave de este proceso, y la meditación despejará tu mente del desorden no deseado, por lo que estarás listo para recibir nueva información.

Hacer la autorregresión no es algo que se haga a la ligera. El proceso puede llevar a revelaciones perturbadoras o sorprendentes sobre tus encarnaciones anteriores. Sabemos que hay gente mala en el mundo, y probablemente hayas sido un personaje profundamente desagradable en una vida pasada. Debes estar preparado para esta eventualidad y comenzar el proceso con una mentalidad y una actitud saludables.

La meditación no es un cura-todo, pero puede brindarte increíbles beneficios tanto físicos como espirituales cuando se combina con los pasos adicionales que se enumeran aquí. Todo lo que necesitas es paciencia, amabilidad y autocompasión, ¡oh, y un lugar cómodo para sentarte!

- Toma asiento en un lugar tranquilo, pacífico y libre de las distracciones.
- Establece tu límite de tiempo.
- Toma conciencia de tu cuerpo, siente los dedos de los pies en el suelo y permite que tus pensamientos viajen hacia arriba hasta llegar a la parte superior de la cabeza.
- Respira profundamente y visualiza lo que sucede cuando tu respiración llena tus pulmones y luego escapa por tu boca.

- ¿Ha vagado tu mente? Mientras contemplabas tu cuerpo y tu respiración, ¿qué pasó con tus pensamientos? Tómate un momento para descubrir qué está haciendo tu mente y luego vuelve a tu ejercicio de respiración.
- Acepta el camino que ha tomado tu mente. No juzgues ni te obsesiones con los pensamientos que tu mente ha evocado. Sólo deja que sea.
- Ahora cierra con amabilidad. Concédete un tiempo para volver a la realidad. Abre suavemente los ojos y observa el entorno físico en el que te encuentras. A tu regreso, ten cuenta tus emociones y sentimientos después de la meditación.

Paso 4: Protégete con la luz

Tus símbolos y elementos físico-espirituales te proporcionarán un nivel de protección, pero siempre puedes beneficiarte de niveles adicionales de seguridad. Debes protegerte contra la energía negativa y limpiar las fuerzas obstructivas que puedas encontrarte en tu camino.

Acuéstate en el suelo de la habitación que hayas elegido para realizar el proceso y cierra los ojos. Coloca los brazos a los lados y respira profundamente hasta que te sientas completamente relajado. Imagina una luz blanca envolvente cerrándose alrededor de tus pies y viajando por tu cuerpo. Siente la calidez y la seguridad que aporta y entrégate a él.

Recuerda, esta luz es tu manto de protección contra las fuerzas y energías negativas. Te envolverá con su amor y te sentirás elevado y realizado. Cantar mantras poderosos hará que la luz sea más fuerte y brillante. Frases como "Estoy lleno de amor y siento que el aura protectora me invade" o "Esta luz es la máxima protección y viajará conmigo en mi viaje de iluminación" te ayudarán a sentirte seguro y parte de la energía espiritual que representan tus palabras.

Experimenta con diferentes colores para energizar la luz y personalizarla según tus necesidades. Vuelve al blanco, repite y vuelve. No hay límite de tiempo para esta etapa. Es posible que lo obtengas la primera vez o que necesites practicar. Una vez que te sientas 100% protegido, sabrás que es hora de dar el siguiente paso.

Paso 5: Comienza tu viaje

Ahora necesitarás visualizar tu camino. Imagina un pasillo largo con una puerta al final. Este puede ser un pasillo familiar de tu realidad física, o puede ser uno que tu mente ha conjurado. Míralo detenidamente y compromete cada detalle a la memoria. Necesitas recordarlo en detalle porque este es el portal a tus vidas pasadas. La puerta al final es un enlace directo a tus personajes anteriores y úsala cada vez que necesites visitar una vida pasada.

Paso 6: Da el primer paso

Una vez que hayas memorizado el pasillo, es hora de caminar hacia tu puerta. Haz que cada paso cuente. Esta es una empresa trascendental en la que te estás embarcando, así que trata el proceso con el respeto que merece.

¿A qué huele el pasillo? ¿Cómo se siente bajo los pies?

¿Está alfombrado o tiene tarimas? ¿Hay algún sonido o simplemente puedes escuchar tus propios pasos? Presta toda tu atención al proceso y disfruta de las sensaciones que estás sintiendo.

Cuando llegues a la puerta, respira hondo y agarra la manija de la puerta. No te apresures a abrir la puerta; prepárate mental y físicamente. Una vez que se desenganche el cerrojo, respira profundamente y empújalo suavemente.

Paso 7: Ingresa al pasado

Nada puede prepararte para lo que hay más allá de la puerta. Puede ser una pared de color, una escena pastoral, un retrato de un evento histórico o simplemente un campo.

No importa; lo que ves ante ti es simplemente una base para tu mente desde la cual lanzarte. Abraza la experiencia y envuélvete en la visión. Tu mente ahora se hará cargo y te dirigirá al lugar donde necesitas estar.

Puede parecer un sueño para algunas personas si bien puede parecer la realidad más vívida que han encontrado para los demás.

Paso 8:Se paciente

El proceso es diferente para todos y es posible que te sientas decepcionado después de tu primer intento. La puerta podría haberse abierto para no revelar absolutamente nada y ver esto como un fracaso. Ningún viaje por el pasillo es un completo fracaso. Puede que no estuvieras preparado, así que vuelve a la realidad y piensa en cómo podrías mejorar el proceso. ¿Hay algún desencadenante clave que hayas pasado por alto?

Tal vez solo ves niebla cuando se abre la puerta. Prueba el método del zapato para aclarar lo que ves. Mientras te encuentras en la entrada, echa un vistazo hacia tus pies y observa tu calzado. ¿Son tus zapatos habituales o ves algo nuevo? Las sandalias podrían indicar la época romana y las botas brillantes podrían significar un trasfondo militar.

. . .

Una vez que identifiques el calzado, deja que tu mirada se eleve y observa el resto de tu atuendo.

Siempre comienza tu próxima sesión con las imágenes que ya has visto. Eleva tus pensamientos de una fuente conocida y aumenta las posibilidades de éxito en el descubrimiento de una fuente desconocida.

Paso 9: Reconoce lo que ves

Todos tenemos pensamientos analíticos y el proceso que estás experimentando va en contra de todo lo que creías anteriormente. Que estés interesado en conectarte con tus ex encarnaciones significa que se han bajado algunas barreras. Ahora es el momento de creer en lo increíble. Todo lo que experimentas está en el pasado y es inmutable, así que es hora de aceptar lo que ves.

Pregúntate cómo te sientes acerca de lo que está pasando. ¿Es real para ti o estás convencido de que todo es un sueño o el producto de una imaginación hiperactiva? Solo tú puedes decidir qué hacer a continuación. Debes creer que lo que ves es una representación genuina de tus vidas anteriores, o nunca progresarás.

Paso 10: Regresa al presente

Este paso se realizará normalmente sin esfuerzo. Tu mente decidirá cuándo has experimentado lo suficiente y es hora de irte. La visión se desvanecerá y las imágenes desaparecerán a medida que tu mente analítica recupere el control.

Puedes diseñar tu partida volviendo sobre tus pasos en el pasillo.

Cierra la puerta, da la vuelta y regresa al punto de partida que reconozcas.

Escritura libre

Otra herramienta que puedes utilizar para explorar tus vidas anteriores es la escritura libre. Los escritores profesionales lo utilizan para generar pensamientos e ideas cuando sufren el bloqueo del escritor, pero el hábito puede ayudarte a crear un texto sobre tus experiencias con la reencarnación.

Piensa en un mensaje que resuene con tu idea de cómo viviste en el pasado. Puede ser una persona que aparece en tus sueños o un lugar destacado en tus recuerdos.

Ahora escribe sobre ellos. Enfoca tu mente y usa lápiz y papel o una computadora para registrar tu escritura libre.

Cambia la forma en que escribes sobre el tema que has elegido, habla de ellos como un personaje secundario o escribe como si fueran el tema de una narración en primera persona.

Las indicaciones no se limitan a los niveles físicos. Las emociones pueden desencadenar algunos textos y experiencias increíbles, así que concéntrate en qué tipo de emoción sientes cuando consideras tus vidas anteriores.

¿Te sientes triste, eufórico o simplemente curioso? Escribe sobre lo que esas emociones significan para ti y cómo se manifiestan.

Si necesitas algo de inspiración o ayuda, tu tecnología de escritura libre puede acudir en tu ayuda. Hay muchas indicaciones de escritura en línea para ayudar, y te brindarán inspiración inmediata cuando la necesites.

10

Reencarnaciones Chamánicas

EL CHAMANISMO HA SIDO parte de la sociedad desde que el hombre habitó la Tierra por primera vez. A veces se le llama la primera religión, pero como concepto moderno, el chamanismo se ha convertido en una religión más.

Término flexible que describe un sistema de creencias con el chamán como figura central. Los chamanes eran una parte importante de la sociedad cuando las medicinas y los métodos curativos tradicionales no estaban ampliamente disponibles. Usaron sus poderes para curar a las personas y proporcionarles una forma de comunicarse con el mundo espiritual.

El chamanismo moderno se ha adaptado y cambiado a las sociedades que todavía creen en el poder del chamán.

. . .

Ponerse en contacto con los espíritus sigue siendo un concepto central en las prácticas chamánicas, pero las culturas utilizan diferentes ritos según su contacto y las influencias de las ciencias modernas.

Hoy en día, la sociedad moderna ha visto un aumento en el interés por el chamanismo, y el término neo-chamanismo se ha convertido en una forma común de describir las nociones contenidas en la práctica. A medida que la curación y la terapia alternativas están experimentando un aumento en popularidad, los practicantes están incorporando las doctrinas y enseñanzas mágicas del chamanismo y ajustándolas para satisfacer sus necesidades.

Millones de personas en todo el mundo han recurrido al chamanismo en busca de consuelo y sabiduría, y todos los chamanes están gobernados por un conjunto de creencias fundamentales que las alinean con los principios de la práctica.

Las siete creencias fundamentales del chamanismo

1. Todos y todo están conectados. Los mundos físico y espiritual están todos conectados y siguen un patrón diseñado por los poderes que nos gobiernan a todos.
2. Existe una realidad alternativa conocida por diferentes términos en función de las influencias

culturales. Este mundo a veces es llamado un mundo de sueños por los chamanes modernos.
3. No todo el mundo tendrá la fe o el poder para acceder a esta realidad alternativa y, por lo tanto, necesitan chamanes. Solo aquellos con un deseo abrumador de viajar al mundo espiritual lo harán. Cuando lo hagan, serán dotados de poderes curativos y sabiduría para resolver los problemas de los demás.
4. Existe una jerarquía de curanderos y maestros que residen en una realidad alternativa. Los espíritus y los residentes divinos representan una variedad de religiones y creencias. La forma siberiana de chamanismo habla de 4 deidades principales llamadas Tengri, Ulgen, Umai y Erlik, que gobiernan los cuatro rincones del universo, mientras que otras versiones del chamanismo muestran a Jesús como uno de los principales maestros y líderes espirituales.
5. La creencia de que todo tiene alma. Los seres animados o inanimados están bendecidos con un alma espiritual y tienen una existencia consciente.
6. Existe una fuerza vital que impulsa a todos los seres animados. Esto se describe como *chi* en la cultura china y *baraka* en las enseñanzas musulmanas.
7. La fuerza vital viene con una fuerza personal que emana alrededor del cuerpo. En las enseñanzas orientales, esto se clasifica como el aura de una persona y está directamente conectado a los

centros de energía dentro del cuerpo conocidos como chakras o meridianos.

Viajes chamánicos

Algunas prácticas se centran en la capacidad del chamán de emprender viajes de exploración del alma para las personas que buscaban su ayuda. Los chamanes a menudo eran iniciados porque habían experimentado algún tipo de trauma que los llevó a experimentar un viaje del alma como una experiencia cercana a la muerte.

Era común que los chamanes hubieran experimentado que el alma abandonaba su cuerpo, lo que llevó al poder de duplicar la experiencia y dirigir su alma a emprender el viaje requerido.

El destino de estos viajes varía según las influencias culturales. Hay un mapa del universo chamánico que contiene tres niveles interconectados por un eje central llamado Árbol del Mundo.

Este sistema de creencias se llama cosmología chamánica, y los mundos arquetípicos dentro se consideran la herencia psicológica común de la humanidad. La humanidad no inventó esta cosmología. Es una parte de la psique humana entretejida en la matriz. Esto es cierto, independientemente de lo que creamos o reconozcamos.

Simplemente así es.

El Universo de los Chamanes

Los tres planos de conciencia son el Mundo Superior, el Mundo Medio y el Mundo Inferior.

El Mundo Superior también se llama reino celestial, y aquí es donde reside el escalón espiritual. Aquí existen muchos resultados de situaciones y experiencias, y el chamán viaja a este mundo para encontrar el conocimiento por excelencia que puede traer de vuelta a la realidad para influir en el mundo natural.

Esta realidad contiene un plan para la humanidad y tiene infinitas posibilidades para sanar el mundo. El chamán viajará a este reino cuando sienta que hay un desequilibrio en la Tierra que solo puede resolverse mediante la interacción con los seres venerados que residen en el Reino Superior. Los humanos son conocidos por crear discordia y desviarse del patrón ordenado del universo.

El mundo medio es un universo paralelo que refleja nuestra realidad. No hay seres físicos en este nivel, simplemente los espíritus que los representan. Viajar en este mundo no requiere esfuerzo e implica fe y amor. El chamán puede recorrer grandes distancias con un solo pensamiento, y sus viajes serán alimentados por el deseo de buscar conocimiento.

Los viajes espirituales en este reino están llenos de comunicación entre almas y espíritus.

Se comparte información y filosofías profundas y significativas con los visitantes, y los vínculos que se forman allí pueden viajar de regreso al mundo físico y proporcionar al chamán una red de personas con las que trabajar.

El mundo inferior es el reino al que viaja el alma humana después de la muerte física. Contiene los espíritus de los animales, los humanos y los guías espirituales designados, y se considera la poderosa fuente de poder para las almas enfermas.

Las creencias de reencarnación más convencionales implican el crecimiento y la curación del alma mientras reside en forma terrenal. Las enseñanzas chamánicas creen que partes del alma resultan heridas en la Tierra y necesitan un lugar para retirarse y recuperarse. Este es el lugar al que se retiran, y los chamanes a menudo viajarán al mundo Inferior para guiarlos de regreso a los restos que dejaron en la Tierra.

. . .

El Árbol del Mundo es el eje que conecta los tres reinos, y los chamanes tienen el poder de atravesar estos reinos utilizando el poder del tambor.

El árbol del mundo responde a la percusión rítmica que se origina en tambores hechos del material original de madera. Hay un puente formado por las ondas sonoras que forman un túnel. Esto conduce directamente al Árbol del Mundo y forma un túnel a través del cual pueden pasar libremente.

Viajes chamánicos al descubrimiento

Mientras que el concepto de viajar entre los tres mundos en la cosmología chamánica puede parecer muy lejana, la mayoría de la gente posee las habilidades innatas necesarias para viajar con el alma. Es un conocimiento profundamente arraigado que solo necesita despertar. No necesitas ser un chamán o haber experimentado experiencias cercanas a la muerte para viajar. Los practicantes modernos reconocen la habilidad como una herramienta espiritual para explorar otros reinos. Entienden que este tipo de descubrimiento es una forma poderosa de explorar los reinos que definen el universo sin obtener poderes curativos u otras fortalezas chamánicas.

Antes de considerar si viajar es para ti, es importante comprender lo que sucede. Los ritos y poderes espirituales pueden ser abrumadores y deben ser tratados con respeto. Algunas numerosas fuentes y talleres modernos enseñan a las personas cómo viajar por los mundos y mantenerte a salvo.

¿Qué sucede cuando viajas?

Los viajes de estilo chamánico se utilizan generalmente para descubrir los secretos del mundo físico y de qué están hechos sus cuerpos. Los viajeros pueden visitar a los espíritus guardianes que los vigilan, o pueden explorar la salud de ellos mismos o de los demás. Ellos pueden visitar los espíritus arquetípicos de la tierra o los mares y unirse a ellos mientras supervisan el mundo natural.

Algunas personas encuentran que el viaje es una manera perfecta de abordar los problemas que ocurrieron en el mundo físico pero que no se pueden resolver allí. Pueden confrontar las almas de los difuntos y desafiarlos sobre el abuso o los conflictos emocionales en el Mundo Inferior, donde se sentirán seguros de hacerlo. El viaje les proporciona una plataforma segura para trabajar a través de su ira sin causar daño a ellos mismos. El dolor es a menudo la emoción que alimenta un viaje, ya que la mayoría de las almas vivientes se arrepienten de no decirles algo a sus seres queridos que fallecieron.

Algunos viajeros experimentarán la naturaleza de una manera que sobrepasa el mundo físico. Pueden viajar por los mares en el alma de un delfín o experimentar la alegría de nadar a través de los poderosos océanos con sus compañeros. En sueños, imaginamos cómo es correr con animales salvajes o nadar con peces. Al viajar, lo experimentamos, y es un placer descubrir los misterios de su anatomía y procesos de pensamiento.

Los lugares a los que viajarás serán diferentes cada vez que te comprometas a viajar. Incluirán diversas opciones que pueden parecer una versión mágica de la Tierra o del Mundo Medio, o pueden ser tan espirituales como un lugar lleno de luz y energía.

La gravedad y otras convenciones físicas no se aplican cuando viajas. Las reglas de la energía y tus deseos decidirán qué lugar visitarás y te entregarán de lleno a la experiencia.

Algunos viajes chamánicos toman un camino diferente y tienen sus raíces en dimensiones más pequeñas. Pueden verse envueltos por un grano de arena o una gota de agua que viaja del cielo a la Tierra. Cada viaje es relevante y tiene un propósito.

Algunos viajeros viajarán extensamente y cruzarán franjas de tierra y aire en una sesión, mientras que otros visitarán solo uno o dos destinos. A medida que un viajero se vuelve más hábil y practicado en el arte de viajar, corre el riesgo de sumergirse tanto en su viaje que no regresa.

. . .

Este riesgo se puede mitigar al tener una persona en el mundo físico que tenga una "palabra de seguridad", que hará que el viajero vuelva a la realidad.

¿Cómo se siente físicamente cuando viajas?

Cada experiencia es diferente, pero siguen un patrón familiar en la Tierra. Algunas personas prefieren distanciarse de la habitación en la que se encuentran cubriéndose los ojos, mientras que otras no tendrán ningún problema en distanciarse de la realidad sin ayudas físicas.

El impacto en los sentidos del viajero variará enormemente. Algunos experimentan una conexión vívida con los lugares que visitan y describen una experiencia cinematográfica multicolor con sonidos, olores y visiones que se apoderan de sus mentes, mientras que otros no experimentarán algunos de sus sentidos en su viaje.

Algunos viajeros describen una sensación de dejar su cuerpo y ver su caparazón debajo cuando salen de la habitación. Otros sentirán que su viaje tuvo lugar dentro de su alma y no necesitaron dejar el cuerpo.

La forma sensorial en que experimentamos nuestra vida normal no siempre es la misma cuando viajamos. Algunas personas relatan una experiencia que no fue tan clara como las demás, como si su contacto con los espíritus fuera más que etéreo. Puede explicarse como la sensación de saber que alguien ha entrado en una habitación sin tener la evidencia física o visual para confirmar su presencia. Solo sabes que están ahí.

¿Por qué algunas personas pueden viajar y otras no?

El viaje chamánico puede ser una parte innata de nuestra psique, pero no todos pueden hacerlo. Estas son algunas de las razones por las que tienen problemas para viajar:

Razón 1: Detritus mental

Debes concentrarte en viajar por un camino espiritual. Si tu mente está llena de charlas y conversaciones sin sentido, es difícil concentrarse en la experiencia. Cuando viajas, tu alma abandona la habitación, por lo que no lograrás tomar impulso y se irá si la distraen los lazos mentales. Necesitas silenciar o desconectar los detritos en tu cabeza y formar un camino claro hacia el éxito.

Razón 2: La incapacidad de dejar ir los pensamientos convencionales

. . .

Cuando ingresas al reino espiritual, pueden suceder algunas cosas extrañas. No importa cuánta instrucción o a cuántos talleres asistas, nunca estarás preparado para lo que suceda en tu viaje. Como ser humano en funcionamiento, necesitamos analizar datos y comprender lo que significan, pero como viajero, debemos dejar atrás ese proceso analítico. El viaje debe fluir y debes rendirte a la fuerza.

Si te sales de la pista para evaluar elementos de tu viaje, interrumpes el flujo. Entonces, ¿qué pasa si aparece una tabla aleatoria en el bosque que estás visitando?

¿Deberías saber por qué el águila con la que viajas es de color púrpura brillante? Espera lo inesperado y abraza lo absurdo junto con lo mágico.

Razón 3: Grandes expectativas

Vivimos en una sociedad altamente visual, y los viajes a menudo pueden afectar a otros sentidos sin ver nada. Algunas personas encuentran esto decepcionante, y esperan una exhibición visual de todos cantando y bailando. Los viajes a menudo sucederán de una manera no visual, y debes apreciar la oportunidad de usar tus otros sentidos y experimentar menos sentimientos familiares.

Razón 4: Me lo imaginé todo

Este es uno de los obstáculos más comunes con los que

tropiezan los viajeros chamánicos. Su cerebro analítico descarta las experiencias como producto de su imaginación hiperactiva. Tu imaginación analiza constantemente tu vida diaria e interpretando tus experiencias, por lo que es normal pensar que tu viaje tiene elementos de imaginación adjuntos. La diferencia entre tu imaginación y tu viaje es que realmente descubrirás cosas desconocidas para ti en tu viaje.

La información que obtienes en tu viaje es real. Se te da para que puedas tener un impacto en tu vida y en las personas que te rodean. Tu imaginación solo puede trabajar con hechos y conocer elementos.

Razón 5: Tus intenciones carecen de enfoque
Necesitas saber por qué te estás embarcando en un viaje del alma y debes concentrarte en cuáles son tus intenciones. Aunque no siempre somos conscientes de las intenciones que dictan nuestras acciones, ocurren a cada minuto. Cuando preparas una taza de café, tus acciones se basan en una intención. Tienes la intención de abrir una puerta y luego lo haces. Si tus intenciones no están claras, tu viaje será fortuito y sin éxito.

Los viajeros avanzados pueden viajar sin una intención clara, pero los primeros viajes deben estar impulsados por una intención clara. La curiosidad por el proceso no es suficiente para que tu viaje sea exitoso.

• • •

Razón 6: Batería agotada

Cuando planeas viajar a algún lugar en tu automóvil, necesitas saber que ciertas partes de tu vehículo están funcionando. Verifica los frenos, los niveles de aceite y agua, y la cantidad de combustible en su tanque.

La mayoría de las personas también comprueban que la batería esté completamente cargada.

Este viaje no debería ser diferente. Debes estar hidratado y alimentado. Tus niveles de energía deben ser altos y tu batería interna debe estar completamente cargada y lista para funcionar. Algunos grupos de sociedades chamánicas realizan rituales edificantes para elevar sus niveles de energía antes de viajar. Cantan y bailan con entusiasmo y aumentan su energía con la alegría física y espiritual de la música.

Si experimentas bajos niveles de energía debido a problemas de salud o razones físicas, no debes intentar viajar. Si tienes poca energía debido a factores psicológicos, intenta cantar o dar un paseo antes de comenzar. A algunas personas les resulta más fácil viajar en grupos, por lo que puedes beneficiarte de las clases o talleres organizados.

Razón 7: Incapacidad para desconectarse

Al igual que con la charla mental, los ruidos extraños pueden ser difíciles de bloquear. Cuando viajas, tu alma se divide y parte de ella permanece en el mundo físico.

. . .

Si te distraes con fuentes externas, puedes obligar a la parte del alma que viaja a regresar. Concentrarte en tu viaje conmovedor es como escuchar un programa de radio fascinante. Tu quedas absorto en la transmisión y bloqueas otras distracciones.

Las prácticas chamánicas pueden implicar el uso de alucinógenos y otras sustancias que alteran la mente. No se recomiendan para principiantes y nunca deben usarse sin la supervisión de un experto. Si estás buscando una forma más tradicional de explorar tus vidas pasadas, puedes probar la proyección astral. Esta es una forma más sencilla para que el alma abandone el cuerpo y explore los planos astrales.

Conclusión

Ahora que sabes lo que creen otras personas de diferentes culturas, estás en una mejor posición para formarte tus propias opiniones. Tienes los métodos y ejercicios para investigar tus vidas pasadas y aprender lo que sucedió antes de esta vida. Si siempre sentiste una fuerte atracción por todo lo europeo, o tal vez te levantas cuando suena el himno nacional francés, tal vez hayas vivido en Europa en una vida anterior.

El conocimiento es poder, y ahora tienes mucho de eso y una guía útil para navegar a través de todo lo relacionado con la reencarnación. ¡Buena suerte y recuerda mantenerte a salvo y disfrutar del viaje!

www.ingramcontent.com/pod-product-compliance
Lightning Source LLC
Chambersburg PA
CBHW072021070526
44583CB00015B/1570